À LA DÉCOUVERTE DE LA FLORE DE
L'OUKAÏMEDEN
HAUT ATLAS DE MARRAKECH

Marie Coste - El Omari

sarrazines & co

Préface

Ce guide de la flore de l'Oukaïmeden (dit familièrement l'Ouka, et nous garderons cette appellation) est destiné d'abord aux randonneurs et marcheurs du Haut Atlas de Marrakech, aux amateurs de botanique, et à tous ceux qui découvrent cette montagne et son environnement après la neige, quand le vallon, le plateau et les pentes des montagnes éclatent des mille couleurs de leurs fleurs. Avec les photos, et le classement par milieux naturels, chacun pourra observer et reconnaître ces fleurs.

Tout en ayant veillé au maximum d'exactitude dans la nomenclature et la description des espèces étudiées, cette flore n'est pas exhaustive, et les descriptions servent surtout de guide pour la compréhension de ces plantes. Le classement par milieux (ou écosystèmes) permettra au randonneur de se repérer, sachant que de nombreuses espèces se trouvent dans plusieurs milieux. Les botanistes avertis reconnaîtront aussi les espèces endémiques de cette montagne.

L'Oukaïmeden (avec le Tizrag) a été choisi parce qu'il constitue un ensemble géographique et botanique facile à circonscrire, et parce qu'il est accessible pour tous. Mais la plupart des espèces étudiées se retrouvent dans les autres plateaux, falaises et sommets du Haut Atlas de Marrakech au-dessus de 2000 mètres d'altitude.

Je remercie particulièrement les botanistes qui m'ont aidée de leurs conseils : M. Ouhammou et M. Barreau, ainsi que M. Ibn Tattou, M. Peltier, M. Cuzin.

Je remercie Claire et Geneviève pour leurs photos, comme je remercie mes amis montagnards de l'association « Tawada, la passion de la montagne », ainsi que Mme la Directrice du Parc national du Toubkal, Mme Soraya Mokhtari, qui m'ont encouragée.

Enfin, je remercie Fouad Housni qui m'a aidée à monter mon site atlasbota.com, dans lequel se trouvent toutes les photos de ce livre, et bien d'autres encore.

Marie Coste-El Omari

A 75 km au sud de Marrakech, au cœur du Haut Atlas, la station de l'Oukaïmeden se situe à 2600 m d'altitude, au milieu du massif du même nom. Les sommets qui dominent la station au sud et à l'est sont le Jbel Oukaïmeden (3273 m), l'Angour (3614 m) et l'Adrar n'Ouattar - ou Jbel Attar - (3258 m). Les cols de Tizi n'Oukaïmeden et Tizi n'ou Addi permettent la communication avec la vallée de l'Assif n'Imenane (qui descend vers Asni), et le col de Tizi n'Ouattar vers la haute vallée de l'Ourika. De ces sommets descendent deux cours d'eau, l'Assif n'Aït Irene (qui devient ensuite Assif n'Oukaïmeden) et l'Assif Tiferguine. De l'autre côté de la station, l'Adrar Tizrag est formé par un plateau incliné, avec ses dalles de grès rouges, qui descend en pente

Depuis les basses pentes du plateau du Tizrag, avec ses dalles de grès rouges, et son unique genévrier thurifère, on regarde en direction du Sud-Est, vers le vallon de l'Ouka et son barrage. Au fond, les trois sommets (de gauche à droite) : Attar, Angour, Ouka. Au milieu, le petit sommet du Goulzit sépare l'Assif Tiferguine (à gauche), et l'Assif n'Aït Irene (au fond à droite). Les bâtiments de la station sont à droite, cachés par le thurifère, et les remontées mécaniques et pistes sur la pente du Jbel Ouka. (Au mois de mai d'une année pluvieuse : le vallon et les basses pentes sont très verts.)

douce vers le sud ; il culmine à 2700 m, au niveau de l'antenne TV et de l'ancienne table d'orientation, proche du nouvel observatoire d'astronomie. Au nord-ouest, ce plateau se termine brutalement par une longue falaise, très visible depuis Marrakech. Cette falaise domine le col Tizi n'Ismir, l'Azib Afra, le col Aguerd n'Isk, ainsi que l'ancien refuge du Taureau et l'ancienne piste de l'Ouka jusqu'à sa jonction avec la route, au niveau de la cédraie.

L'ensemble géographique et botanique étudié est donc limité au sud et à l'est par la ligne de crêtes Ouka-Angour-Attar, au nord-ouest par le pied de la falaise du Tizrag, avec la ligne des cols et l'ancienne piste (environ 2200m).

En hiver, depuis Moulay Brahim : au fond, de gauche à droite : Jbel Attar, Jbel Angour avec ses deux piliers noirs, et le triangle blanc du Jbel Oukaïmeden. Devant ces sommets : la falaise du Tizrag (dominée par l'antenne TV qu'on devine).

La seule carte au 50 000° étant très ancienne (début années 60), elle a été complétée avec ajout de la nouvelle route (en noir) ; du télésiège (en vert) ; du barrage (en bleu) ; des deux tronçons de pistes menant au télésiège et à l'antenne (en violet) ; de l'antenne TV et de l'observatoire d'astronomie (au pied de l'ancienne table d'orientation) (A, O). Il y a aussi une nouvelle piste à flanc du Jbel Attar et qui rejoint la haute vallée de l'Ourika et une autre qui rejoint la nouvelle route entre Sidi Fares et Asni. La limite nord de la zone centrale du Parc National de Toubkal est indiquée en jaune. La zone géographique et botanique étudiée est limitée en trait rouge.

Au pied de la falaise du Tizrag, l'Azib Afra est entouré de quelques cultures de printemps, au milieu de la thuriféraie. La falaise est dominée par l'antenne TV.

Sur le plan géologique, le massif de l'Ouka est situé sur une faille qui sépare des terrains très différents : au sud et à l'est, les terrains anciens du précambrien, avec des roches éruptives (rhyolites, andésites) constituent les sommets. Au nord-ouest, l'Adrar Tizrag, plateau et falaise, est formé de grès rouges du permo-trias, en épaisses couches sédimentaires légèrement inclinées vers le sud. Ces dalles de grès rouges, souvent couvertes de lichens aux curieuses formes de cercles concentriques, ont aussi été utilisées comme support pour les gravures rupestres, à une époque plus chaude et moins sèche, en témoigne la représentation d'éléphants.

Le climat est méditerranéen subhumide à hiver froid, avec enneigement de décembre à mars (les bonnes années !) et été sec.

La géologie explique les contrastes de couleurs : au premier plan, les grès rouges du permo-trias, au niveau de Tizi n'Ouka. Coussins de xérophytes épineux et tapis vert clair de scorzonères gazonnantes. Au fond, le sommet de l'Ouka, versant sud, en roches grises anciennes, éruptives.

Hiver à l'Ouka. 1er plan : le barrage et son plan d'eau. Au fond, le sommet de l'Ouka et ses pistes de ski. A droite, les bâtiments de la station.

Le plateau de l'Oukaïmeden est en hiver **la principale station de ski du Maroc**, hélas sous-équipée, notamment pour la voirie, et cette pression touristique a une incidence néfaste sur la végétation. Au printemps et en été, les randonneurs parcourent les sommets. Mais surtout, le plateau de l'Ouka, avec ses pelouses humides de végétation herbacée abondante qui apparaît dès la fonte des neiges, est depuis longtemps un pâturage d'été pour les troupeaux transhumants qui montent des vallées environnantes. Ce pâturage collectif est soumis à une gestion communautaire ancestrale (« agdal » en berbère) avec mise en défens (interdiction de pâturage) du 15 mars au 10 août pour permettre la reconstitution du milieu. Des centaines de familles montent avec leurs troupeaux pendant l'été, et occupent les nombreux villages-bergeries (« azib » en berbère). Cette occupation pastorale est très ancienne, comme en témoigne les nombreuses gravures rupestres, autre centre d'intérêt de l'Ouka.

Printemps à l'Ouka : les pelouses humides apparaissent dès la fonte des neiges, et constitueront un excellent pâturage pour les troupeaux des vallées environnantes. Sa gestion communautaire (l'agdal), très ancienne, a permis sa préservation. Au 1er plan : Assif Tiferguine. Au fond : Jbel Angour.

Au pied du Tizi n'Ouattar, les terrasses des azibs Tiferguine sont cultivées dès le printemps, avec quelques arbres fruitiers. A partir du 10 août, ces « azibs » accueilleront hommes et bêtes, lors de la grande transhumance d'été. Au 1er plan, les pentes arides du Jbel Attar sont envahies par le pastel (*isatis tinctoria*). Les pâturages sont dans le vallon de l'Assif Tiferguine.

Eté à l'Ouka : à partir du 10 Août, hommes et bêtes montent des vallées environnantes, et occupent les « azibs ». L'abondance du pâturage constitue une ressource précieuse, qui a été utilisée depuis très longtemps.

En 1965, une nouvelle route a été mise en service, remplaçant la piste qui longeait le pied de la falaise du Tizrag. Cette ancienne piste est aujourd'hui très dégradée, l'ancien Refuge du Taureau est en ruine. Seul un tronçon de la piste est entretenu pour le transport des dalles de grès, exploitées depuis une vingtaine d'années.

L'ancienne piste de l'Ouka , plus ou moins entretenue dans sa première partie par les carriers de dalles de grès rouges, et le Refuge du Taureau en ruine. Reboisements de cèdres, pins maritimes du Maghreb, robiniers faux-acacias. Et les coussins de buplèvre épineux en fin de floraison (octobre).

D'autre part, le barrage de l'Ouka a été mis en service dans les années 70, entraînant un élargissement sensible des zones humides et donc de la végétation de ces zones.

Enfin, la grande antenne TV du Tizrag domine toute la région de Marrakech, et un observatoire d'astronomie est ouvert depuis 2011.

Le petit barrage de l'Ouka a été construit dans les années 70. Son plan d'eau a permis une augmentation sensible des zones humides. (Vue vers le nord, vers le Jbel Attar. Tout au fond : Jbel Taourirt n'Ikkis.)

Toute la partie sud et est de l'ensemble étudié fait partie du Parc national du Toubkal, qui vient d'installer une table d'orientation au Tizi n'Ouka (après celle, en céramique, du sommet de l'Ouka - l'ancienne table près de l'antenne n'a gardé que son socle !)

Sur le plan botanique, l'ensemble Oukaïmeden-Tizrag est riche d'espèces variées, du fait de la variété des milieux naturels (ou écosystèmes) et notamment de nombreuses endémiques (espèces limitées à un pays ou une région). La zone étudiée appartient au dernier étage des écosystèmes forestiers, celui du genévrier thurifère, et à l'écosystème des steppes froides de montagnes où les arbres ont disparu, et où dominent les xérophytes épineux en coussinets, mais aussi les pelouses sèches et rocailleuses, ainsi que des pelouses humides sur environ 15% de la surface.

Ainsi le randonneur qui arrive à l'Ouka verra d'abord les zones humides qui bordent l'Assif Ouka ; son affluent l'Assif Tiferguine ; les bords du barrage ; le vallon qui descend vers l'Assif Tiferguine ; l'Assif n'Aït Irene ; quelques replats humides sur les basses pentes du plateau du Tizrag, avec des sources qui permettent une végétation abondante. Ces pelouses humides ont sensiblement augmenté de surface après la construction du barrage, avant de diminuer légèrement ces vingt dernières années du fait du changement climatique : sauf exception, la neige est beaucoup moins abondante qu'il y a 30 ou 40 ans, les skieurs le savent bien !

Cette végétation de pelouses humides d'altitude se retrouve dans d'autres vallées du Haut Atlas de Marrakech, notamment celle de l'Assif n'Aït Mizane (du Toubkal).

A gauche : Rives de l'Assif Ouka, en aval du barrage. Zone humide avec d'abondantes graminées, les orchis élancés mauves, les renoncules jaunes, etc.
A droite : Pelouses humides du vallon de l'Assif Tiferguine, au pied des azibs de même nom. Renouée bistorte rose, renoncules jaunes, saxifrage, etc. (et pastel jaune - *isatis tinctoria* - près des azibs et sur les pentes sèches).

Dès que l'on s'éloigne des zones humides et que l'on commence à monter soit vers le plateau du Tizrag, soit en direction des sommets, c'est la végétation de xérophytes épineux (dits familièrement « coussins de belle-mère » !) qui domine, recouvrant de grandes surfaces des pentes et des rochers.

A gauche : pente de grès rouges couverte de xérophytes épineux en coussinets, ici au pied de la falaise du Tizrag. Cytise purgatif (*cytisus balansae*) à fleurs jaunes, alysson épineux (grisâtres à fleurs roses), buplèvre épineux. Et une graminée endémique à tiges très raides, la *stipa nitens*.
A droite : Xérophytes épineux en coussinets sur une pente de terrains éruptifs anciens, celle de la pente nord du Jbel Ouka.

Les terrains de grès rouges (plateau du Tizrag, et aussi affleurements rocheux au nord du barrage, de part et d'autre de l'Assif Tiferguine, jusqu'au seuil au pied du Jbel Attar) sont constitués de dalles de pierres, entre lesquelles s'installent des pelouses sèches, plus ou moins rocailleuses, parsemées de xérophytes épineux. Cette végétation se retrouve sur les autres plateaux d'altitude du Haut-Atlas de Marrakech : Tamadout/Timenkar, et Yagour, eux aussi bordés d'une falaise très visible depuis Marrakech.

En montant vers les sommets, au milieu des roches éruptives, grises, vertes ou à cristaux, la végétation est plus clairsemée, mais elle réserve au botaniste de belles surprises, avec des endémiques intéressantes, soit sur les crêtes exposées au vent, soit dans les vallons humides des pentes nord.

En redescendant vers la station et les azibs, on rencontre des rudérales, ces plantes liées à la présence des hommes et des animaux.

Entre les dalles de grès rouges du plateau du Tizrag, qui descend en pente douce vers le vallon de l'Ouka, des buissons de cytise à grandes fleurs, et des pelouses sèches de scorzonère gazonnante, catananche gazonnante, etc. (Au fond, le Jbel Ouka, et tout au fond le Tazaghart).

Pelouse sèche au pied du Jbel Attar. Vue vers les autres plateaux d'altitude du Haut Atlas de Marrakech, avec la même végétation : Tamadout/Timenkar et Ougueni/Yagour.

A gauche : Les pentes de rochers gris des montagnes (Ouka, Angour, Attar) sont couvertes de coussins épineux, de panicaut, du pastel invasif, etc., mais aussi de petites plantes endémiques : myosotis, linaire triste, etc. (photo Claire).
A droite : Sur les pentes nord du Jbel Ouka, au milieu des austères roches grises, d'étonnantes coulées de verdure profitent du moindre suintement d'eau : grande berce (grandes feuilles), orchis mauves, renouées roses, renoncules jaunes, etc.

Les basses pentes sèches sont envahies par le pastel (*isatis tinctoria*), comme les abords des azibs et de la station, les bords des chemins, en compagnie d'autres plantes rudérales. (Au fond : Jbel Angour).

La falaise du Tizrag, surplombée par l'antenne, abrite une végétation très particulière : quelques arbustes à feuilles caduques, qui recherchent les rochers aériens, mais aussi des composées endémiques, comme les « *aliela* ».

Au pied de la falaise s'étend une belle forêt de genévriers thurifères (thuriféraie), et plus au nord, les reboisements de cèdres, pins maritimes, robiniers faux-acacias, qui bordent l'ancienne piste d'accès à la station.

La falaise du Tizrag, orientée vers le Nord-Ouest, est dominée par l'antenne TV et par la ligne à haute tension. Des arbustes à feuilles caduques (amélanchier, nerprun, alisier, houx, etc.) s'y accrochent. Sur les semi replats, on retrouve les coussins de xérophytes épineux. Et quelques raretés collées contre le rocher, comme les deux *aliela*.

La thuriféraie est une formation « ouverte » : les arbres sont en piqueté sur la pente (sous l'antenne TV du Tizrag).

au pied de la falaise du Tizrag, le long de l'ancienne piste de l'Ouka, les reboisements de cèdres, pins maritimes du Maghreb, robiniers faux-acacias.

MILIEUX HUMIDES
Bords de cours d'eau

Les cours d'eau (« *assif* », en berbère) de l'Oukaïmeden sont l'*Assif n'Aït Irene*, qui alimente le petit barrage, et qui devient *Assif n'Oukaïmeden* après son confluent avec l'*Assif Tiferguine*.

Dans ces cours d'eau, comme dans le plan d'eau du barrage, flottent les jolies renoncules aquatiques (en compagnie du potamot dans le barrage). Ce sont des indicateurs de pollution, hélas très significatifs !

En bordure, les massifs de renoncule de Grenade, à floraison plus tardive, ont presque les pieds dans l'eau, comme l'orchis élancé aux belles inflorescences mauves, et (moins fréquent) la véronique faux-mouron. Sans oublier les joncs et les carex.

Toujours en zone humide, la renouée rose, et la scille bleue forment de beaux tapis.

Les pelouses humides sont celles qui attirent les troupeaux en été, faisant de l'Oukaïmeden une importante zone de transhumance. Ces pelouses humides occupent les vallons bordant ces deux assif, ainsi que le vallon affluent de l'Assif Tiferguine (dominé par les azibs « aux éléphants » !), et quelques zones humides sur les basses pentes du plateau du Tizrag ou des montagnes au sud. Ces zones humides se sont beaucoup étendues à la suite de la construction du barrage dans les années 70, mais elles ont régressé depuis quelques années, du fait du changement climatique (la couverture neigeuse est moins abondante qu'il y a 30 ans). Les graminées sont abondantes, bien sûr, mais aussi, en tout début de saison, la « jonquille » jaune, suivie de la renoncule bulbeuse « bouton d'or ». L'armérie de l'Atlas, le céraiste, la saxifrage, le passerage hirsute, mêlés à la romulée, donnent aussi leurs couleurs à cette pelouse.

Renoncule aquatique
Ranunculus penicillatus
(Renonculacées)

Dans le barrage de l'Oukaïmeden, en compagnie du potamot, comme dans le petit *assif* en aval, cette renoncule attire l'attention par ses grandes fleurs blanches aux nombreuses étamines. Ces plantes d'eau sont un marqueur de pollution : c'est bien, hélas, l'état de ce barrage ! Leurs feuilles submergées sont découpées en très fines lanières, les flottantes élargies en rein à 3-5 lobes.
A noter que le mot « renoncule » vient de « rana » : grenouille en latin (voir photo !) : ces fleurs aiment les milieux humides.

MILIEUX HUMIDES

Renoncule de Grenade
Ranunculus granatensis
(Renonculacées)

Cette **endémique** du Maroc et de la péninsule ibérique ne fleurit pas avant juin, et toujours en bords de cours d'eau, où elle forme de belles touffes denses à longues tiges. Ses feuilles basales et inférieures sont palmées à 3-5 lobes.
Les sépales, poilus, restent dressés à la floraison. Comme les autres renoncules, les étamines et les carpelles sont nombreux.

Renouée bistorte
Polygonum bistorta
(Polygonacées)

Près des cours d'eau et dans les pelouses humides, la renouée est une grande plante, 20-80 cm, à tige non ramifiée, aux grandes feuilles de base lancéolées-triangulaires, et feuilles supérieures sessiles, avec une gaine membraneuse au niveau des noeuds. L'inflorescence forme un épi dense de fleurs roses sans pédoncule. Les étamines sont plus longues que les 6 sépales pétaloïdes.

Scille d'Espagne
Hyacinthoides hispanica
(Liliacées / Hyacinthacées)

Cette très belle plante à bulbe a de longues feuilles en touffes denses à la base de la tige. Les fleurs bleu-mauve sont regroupées en épi, semi pendantes, à pédoncules violacés, et longues bractées de même couleur. Six tépales en cloche, recourbés, six courtes étamines. Elles forment des parterres denses sur des sols riches en humus près des cours d'eau. C'est une endémique du Maroc et de l'Algérie.

Orchis élancé
Dactylorhiza elata
(Orchidacées)

Dactylorhiza veut dire « racines en forme de doigts » : c'est la forme des tubercules de cette orchidée.

Les feuilles lancéolées sont regroupées à la base de la tige. Les fleurs, lilas foncé, sont regroupées en épi bien fourni, avec de longues bractées dressées, violacées, qui dépassent les fleurs jeunes. Comme les autres orchidées, elles ont six tépales : le plus grand, à l'avant, est le labelle ; il est orné de points et de tirets rose foncé : c'est la « piste d'atterrissage » des insectes pollinisateurs. La fleur est terminée par un éperon obtus.

C'est une fleur de lumière, mais aussi de milieux humides, abondante aux bords des *assif* de l'Oukaïmeden, et dans les pelouses les plus humides.

MILIEUX HUMIDES

Narcisse trompette, Narcisse (jaune)
Narcissus bulbocodium
(amaryllidacées)

Au tout début du printemps, cette « jonquille » est une des premières fleurs à apparaître, tapissant les pelouses humides avant de se faner. Cette plante vivace a un petit bulbe, des feuilles linéaires, étroites, dressées, de grandes fleurs jaunes solitaires, dressées ou inclinées, avec une spathe engainante membraneuse. Ces fleurs ont six tépales jaunes étroits, soudés en tube puis étalés, et prolongés par une couronne jaune en trompette.

MILIEUX HUMIDES

Renoncule bulbeuse
Ranunculus bulbosus
(Renonculacées)

Plante velue, tige renflée en bulbe à la base. Feuilles basales divisées en 3 lobes. Sépales velus et rabattus sur le pédoncule qui est sillonné. Fruits : nombreux carpelles à bec recourbés groupés en têtes rondes ou ovales. Ce bouton d'or est très abondant, et occupant de grandes surfaces de pelouses plus ou moins humides. Ses racines ont un usage cosmétique et médicinal, mais la surexploitation est une menace pour cette plante.

Céraiste des champs
Cerastium arvense
(Caryophyllacées)

Plante couverte de poils visqueux, tiges de 10-40 cm, dressées ou en partie couchées. Feuilles opposées, lancéolées. Inflorescence en cyme lâche. Belles fleurs blanches, 3-7 cm. Pétales en coeur renversé, bifides, à lobes étalés-recourbés. Dix étamines, pistil à cinq styles.

Plante commune dans les champs pâturages ou pelouses plus ou moins humides de montagne.

Passerage hérissée
Lepidium hirtum** subsp **atlanticum
(Crucifères / Brassicacées)

Cette plante velue forme des touffes aux tiges étalées au ras du sol. Les feuilles de la base sont entières, dentées, celles de la tige sont embrassantes auriculées. Les petites fleurs blanches sont groupées en inflorescences denses. Les fruits sont des silicules ailées comme de petites cuillères, prolongées par le style.

Fréquente en début de printemps (mars-avril) dans les pelouses humides.

Saxifrage granulée
Saxifraga granulata
(Saxifragacées)

Plante de 20 à 50 cm de haut, couverte de poils glanduleux. Feuilles de la base pétiolées, en rein, à lobes arrondis. Inflorescence en groupe lâche. Fleurs blanches, environ 2 cm, sépales en tube terminé par cinq lobes. 10 étamines.
Pelouses humides, creux de rochers.

Armérie de l'Atlas
Armeria atlantica
(Plumbaginacées)

Cette armérie à la jolie couleur blanc-rosé pousse en touffes ou en grandes étendues dans les pelouses sèches ou humides. C'est une **endémique** (Maroc, Algérie, péninsule ibérique). Les feuilles sont toutes à la base, lancéolées, à trois nervures. La longue tige est entourée au sommet par une gaine membraneuse. Les fleurs sont serrées en têtes rondes entourées d'écailles membraneuses. Elles ont cinq pétales et cinq étamines.

MILIEUX HUMIDES

Trèfle jaunâtre, trèfle beige
Trifolium ochroleucum
(Papilionacées / Fabacées)

Ce trèfle est assez commun dans les lieux herbeux. Ses fleurs blanc jaunâtre sont groupées en inflorescence globuleuse à l'aspect un peu hirsute au sommet et devenant ovale à maturité.
Floraison en mai-juin.

Trèfle des champs, petit trèfle d'or
Trifolium campestre
(Papilionacées / Fabacées)

Les fleurs de ce petit trèfle sont jaune doré, serrées en têtes assez grosses, et l'étendard strié se recourbe à l'extérieur en cuillère.
A l'Ouka, il apprécie les lieux humides.

Gagée de Liotard
Gagea fragifera
Gagea liotardii
(Liliacées)

Petites fleurs en étoile jaune à 6 tépales, 6 étamines. Les pédicelles sont velus.
Deux feuilles à la base, linéaires, creuses, dressées, et deux autres sous l'inflorescence. Pelouses de montagne.

Lotier corniculé
Lotus corniculatus
(Papilionacées / Fabacées)

Feuilles à trois folioles obovales, et deux stipules semblables aux folioles. Inflorescences à 3-4 fleurs au bout d'un long pédoncule. Calice en tube à cinq dents. Belle corolle jaune-orangé. Fruit en longue gousse.

Euphraise
Euphrasia willkommii
(Scrophulariacées)

Plante très discrète, noyée au milieu d'autres fleurs de pelouses humides, avec de très petites fleurs roses. C'est une plante hémiparasite. (A gauche)

Lin bisannuel
Linum bienne
(Linacées)

Peu fréquente, cette plante à tige fine et feuilles étroites déploie de jolies fleurs bleu clair veinées de violet et aux anthères bleu vif. (A droite)

Véronique faux-mouron / Mouron d'eau
Veronica anagallis aquatica
(Scrophulariacées)

Grande plante glabre, toujours près de l'eau, à tige creuse quadrangulaire, grandes feuilles lancéolées opposées, inflorescence en grappe allongée, et jolies fleurs bleu pâle ou lilas en grappes allongées. (A gauche)

Colchique de Lusitanie
Colchicum lusitanum / Colchicum automnale
(Colchicacées / Liliacées)

Ce colchique aime les pâturages humides, et fleurit en fin de saison (septembre). Comme il est toxique, il est délaissé par les troupeaux. (A droite)

Pâturin bulbeux vivipare
Poa bulbosa var. *vivipara*
(Graminées / Poacées)

Cette graminée des pelouses humides, abondante en début de saison, a une particularité assez rare : elle est vivipare, c'est-à-dire que chaque épillet (et non la graine) contient une nouvelle plante, ce qui donne à l'inflorescence cet aspect chevelu.

MILIEUX HUMIDES

Fétuque rouge
festuca rubra subsp yvesiana
(Graminées / Poacées)

Endémique du Maroc.

Vulpin genouillé
Alopecurus geniculatus
(Graminées / Poacées)

Cette graminée aime les pelouses très humides, voire inondées. Ses feuilles glauques paraissent presque bleutées. «Alopecurus» veut dire «queue de renard» : c'est la forme de son épi.

MILIEUX HUMIDES

XÉROPHYTES ÉPINEUX EN COUSSINETS
dits « coussins de belle-mère »

A partir de 2500 m environ, les arbres disparaissent, mis à part quelques genévriers thurifères, et les peupliers plantés de la station. Trop froid l'hiver, trop sec l'été, trop de vent, pas de sol : seules des formes basses résistent, et particulièrement les xérophytes épineux, dont les coussins recouvrent des pentes entières ou s'accrochent au moindre replat de la falaise (l'astragale, elle, se présente plutôt sous forme de tapis épineux). La forme hémisphérique des coussins permet de créer à l'intérieur un microclimat, moins froid en hiver, moins sec en été, avec de moindres variations de températures et d'humidité au cours de la journée : ainsi, les petites feuilles sont protégées à l'intérieur du coussinet, ainsi que de petits animaux ou des fleurs plus fragiles. Les feuilles sont petites, certaines très épineuses (l'astragale jaune, la sabline blanche), les feuilles du cytise jaune ou de l'érinacée bleue disparaissent vite, et ce sont alors les tiges vertes et acérées qui assurent la fonction chlorophyllienne (et qui donnent à ces plantes des aspects de hérissons !). Pour le buplèvre jaune et l'alysson rose, ce sont les petits rameaux desséchés qui deviennent piquants. Ces xérophytes peuvent être parasités par l'orobanche ou par la cuscute.

XÉROPHYTES ÉPINEUX EN COUSSINETS

Buplèvre épineux
Bupleurum spinosum
(Ombellifères / Apiacées)

Les coussins denses de ce xérophyte recouvrent des pentes entières. Au printemps, les petites feuilles apparaissent, puis les ombelles à 2-6 rayons rigides portant de très petites fleurs jaunes. En automne, les feuilles sont cachées à l'intérieur, et les rameaux et les rayons des ombelles ont une couleur jaune. Les fruits ont 2-5 mm de longueur.

Cytise (épineux)
Cytisus balansae
Cytisus purgans
(Papilionacées / Fabacées)

C'est le premier xérophyte à fleurir, surtout en pente sud. Ses petites feuilles à trois folioles, poilues, disparaîtront, et les tiges vertes, cannelées et pointues assureront alors la fonction chlorophyllienne. Les belles fleurs jaunes ont 9-15 mm de longueur. C'est une **endémique** du Maroc et de l'Algérie.

XÉROPHYTES ÉPINEUX EN COUSSINETS

Alysson épineux
Alyssum spinosum
Hormathophylla spinosa
(Crucifères / Brassicacées)

Ce coussin épineux, aux ramifications denses, fleurit vers mai-juin, avec de jolies fleurs roses et de petites feuilles ovales. Les « épines » sont les rameaux desséchés et entrelacés des années précédentes. Fruit en silicule. Comme les autres crucifères, les fleurs ont quatre pétales en croix et six étamines.

Sabline piquante
Arenaria pungens
(Caryophyllacées)

Cette **endémique** du Maroc et de la péninsule ibérique est moins fréquente que les autres xérophytes épineux, sa floraison est plus tardive. Ses feuilles, toujours opposées comme chez toutes les caryophyllacées, sont fines et piquantes. Ses fleurs ont cinq sépales pointus, plus longs (5-6 mm) que les cinq pétales blancs, et dix étamines aux anthères roses.

XÉROPHYTES ÉPINEUX EN COUSSINETS

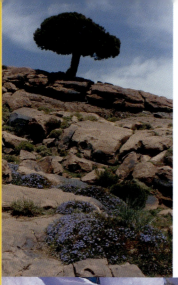

Erinacée anthyllide
Cytise hérisson
Erinacea anthyllis
(Papilionacées / Fabacées)

Ces coussins sont peu fréquents (un seul beau peuplement sous l'unique genévrier thurifère du plateau). Leur floraison en mai dure peu, mais elle attire beaucoup d'insectes. Les rameaux stériles, striés, se terminent par une pointe (en Espagne, on l'appelle « cojin de monja », coussin de nonne !). Le calice est gonflé, poilu. La corolle est bleu-violet. Dix étamines.

Astragale piquante
Astragalus ibrahimianus
(Papilionacées / Fabacées)

Cette **endémique** du Maroc forme des tapis très épineux. Les feuilles sont composées, à folioles sessiles et poilues, et se terminent par une pointe acérée. Les corolles sont jaune clair, les calices sont tubuleux.

XÉROPHYTES ÉPINEUX EN COUSSINETS

Orobanche
(Orobanchacées)

Plante parasite, sans chlorophylle, poussant sur les racines de la plante hôte (ici un buplèvre épineux, ailleurs un cytise purgatif) et lui pompant ses substances nutritives, ce qui lui permet d'atteindre une certaine taille (20-30 cm de hauteur). Feuilles réduites à des écailles, inflorescence en épi, fleurs sessiles en tube à deux lèvres. Espèce difficile à définir.

Cuscute
Cuscuta triumvirati
(Convolvulacées)

Cette plante parasite, **endémique** du Maroc et de la Sierra Nevada en Espagne, s'installe sur de nombreux xérophytes épineux (ici le buplèvre). Ses longs filaments rouges, sans chlorophylle, s'entortillent autour des rameaux de la plante hôte, et la pompe à l'aide de suçoirs. Les fleurs (même famille que le liseron) sont en tube avec cinq lobes, et cinq étamines.

PELOUSES SÈCHES ET / OU ROCAILLEUSES
FENTES DE ROCHERS ENSOLEILLÉS

Une pelouse est une formation végétale avec des herbacées de faible hauteur. Contrairement à la pelouse humide, qui recouvre le sol avec de nombreuses graminées et qui est favorable au pastoralisme, la pelouse sèche laisse le sol à nu par endroits. Sur le plateau du Tizrag, elle s'intercale entre les nombreuses dalles de grès rouge. Les coussins de xérophytes épineux sont nombreux. L'arbrisseau du cytise à grandes fleurs éclaire le plateau de ses fleurs jaunes. Au sol, des plantes gazonnantes, comme la scorzonère ou la catananche, recouvrent le sol de plaques de feuilles avant l'apparition des fleurs jaunes. L'anthemis blanche, l'oeillet sylvestre, la valériane, le très joli rhodanthème catananche, l'hélianthème jaune, la catananche bleue, etc., offrent leurs multiples couleurs. Les touffes du très élégant oeillet de Lusitanie partagent les fentes des rochers ensoleillés avec le thym ou la jasione.

Toute cette végétation se retrouve aussi bien sur les autres reliefs de grès rouge au nord du barrage, que sur les basses pentes des sommets, et aussi au pied de la falaise du Tizrag.

PELOUSES SÈCHES ET / OU ROCAILLEUSES - FENTES DE ROCHERS ENSOLEILLÉS

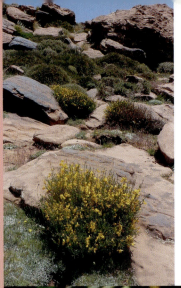

Cytise à grandes fleurs
Cytisus grandiflorus
(Papilionacées / Fabacées)

Sur le plateau du Tizrag, entre les rochers de grés rouge, ce bel arbuste à grandes fleurs accompagne les xérophytes épineux. Tiges angulaires, feuilles à trois (ou une) folioles, calice à dents courtes, carène à pointe redressée, étendard à bords recourbés, style enroulé, fruit en gousse poilue. C'est une **endémique** du Maroc et de la péninsule ibérique.

PELOUSES SÈCHES ET / OU ROCAILLEUSES - FENTES DE ROCHERS ENSOLEILLÉS

Catananche gazonnante
Catananche caespitosa
(Composées / Astéracées)

Comme son nom l'indique, cette belle composée forme des tapis étalés de feuilles allongées bleutées et de fleurs aux ligules jaunes, aux bractées membraneuses sèches et translucides qui persistent après la floraison. Elle ressemble à la scorzonère gazonnante, à laquelle elle est souvent mêlée. C'est une **endémique** du Maroc et de l'Algérie. Elle affectionne les pelouses sèches et rocailleuses.

PELOUSES SÈCHES ET / OU ROCAILLEUSES - FENTES DE ROCHERS ENSOLEILLÉS

Scorzonère gazonnante
Scorzonère pygmée
Scorzonera caespitosa
Scorzonera pygmaea
(Composées / Astéracées)

Comme la catananche gazonnante (photo du bas, à gauche), cette composée forme des tapis ras et serrés, étalés sur le sol. Elle en diffère surtout par ses bractées, non membraneuses, et ses fruits à aigrette brune. C'est une **endémique** du Maroc et de l'Algérie.

PELOUSES SÈCHES ET / OU ROCAILLEUSES - FENTES DE ROCHERS ENSOLEILLÉS

Epervière fausse piloselle
Hieracium pseudopilosella
(Composées / Astéracées)

Ces composées aux fleurs jaune clair, isolées sur de longues tiges, sont aussi appelées « oreille de souris » du fait des longs poils soyeux de leurs feuilles. Avec les rejets de leurs tiges, elles forment des groupes étalés sur le sol. Les fruits en akènes sont surmontés d'aigrettes. Pelouses sèches.

PELOUSES SÈCHES ET / OU ROCAILLEUSES - FENTES DE ROCHERS ENSOLEILLÉS

Hélianthème safrané
Helianthemum croceum
(cistacées)

Cette « fleur du soleil » a cinq pétales jaunes froissés, cinq sépales dont deux très petits, de nombreuses étamines et un style saillant, des boutons floraux torsadés, des feuilles simples recouvertes de poils fins, comme les tiges et les sépales. Elle abonde dans les pelouses sèches et rocailleuses.

PELOUSES SÈCHES ET / OU ROCAILLEUSES - FENTES DE ROCHERS ENSOLEILLÉS

Alysson de l'Atlas
Alyssum atlanticum
(Crucifères / Brassicacées)

Comme les autres crucifères, l'alysson a quatre pétales en croix et six étamines. Les tiges sont dressées, droites. Feuilles, tiges et sépales sont couverts de poils étoilés. Les fruits sont des silicules ovales au style persistant. Cet alysson apprécie la compagnie du cytise purgatif où il s'abrite, et fleurit en avril-mai.

PELOUSES SÈCHES ET / OU ROCAILLEUSES - FENTES DE ROCHERS ENSOLEILLÉS

Vélar à grandes fleurs
Erysimum grandiflorum
(Crucifères / Brassicacées)

Cette jolie crucifère pousse en touffes dans les pelouses rocailleuses ou à l'abri d'un rocher. Ses feuilles sont entières, fines, ses fleurs ont 12-15 mm de long, et les sépales sont bossus à la base. Le fruit est une silique fine et allongée, dressée.

PELOUSES SÈCHES ET / OU ROCAILLEUSES - FENTES DE ROCHERS ENSOLEILLÉS

Potentille droite
Potentilla recta
(Rosacées)

Les potentilles se reconnaissent à leur calice à cinq sépales doublé d'un calicule. Les étamines sont nombreuses, ainsi que les akènes des fruits.
La potentille droite (ou dressée) est très velue, avec des feuilles palmées à 5-7 grandes folioles, comme des doigts, oblongues, très dentées.

PELOUSES SÈCHES ET / OU ROCAILLEUSES · FENTES DE ROCHERS ENSOLEILLÉS

Potentille de Pennsylvanie
Potentilla pennsylvanica
(Rosacées)

Cette potentille a de grandes fleurs (2 cm) jaune d'or, dont les pétales égalent au moins deux fois les sépales, de gros boutons, et des feuilles composées à 4-5 paires de folioles plus une terminale. Les lobes du calicule sont presque aussi longs que ceux du calice.

PELOUSES SÈCHES ET / OU ROCAILLEUSES · FENTES DE ROCHERS ENSOLEILLÉS

Inule des montagnes
Inula montana
(Composées / Astéracées)

Belle plante odorante à tige et feuilles velues, gros capitules solitaires entourés de bractées sur plusieurs rangs, les bractées extérieures sont très laineuses. Les fleurs sont jaune-orangé, les fleurs externes ont de longues ligules, les internes sont en tube.

PELOUSES SÈCHES ET / OU ROCAILLEUSES - FENTES DE ROCHERS ENSOLEILLÉS

Andryale à feuilles entières
Andryala integrifolia
(Composées / Astéracées)

Plante couverte de poils blanchâtres. Capitules groupés en corymbes plus ou moins fournis, à bractées velues-glanduleuses, à ligules jaune clair.

Séneçon marocain
Jacobaea maroccana
Senecio maroccanus
(Composées / Astéracées)

Endémique du Maroc, peu fréquente, croissant en touffes basses, à petites ligules jaune clair et fleurs en tube plus foncées. Il est ici en compagnie de la campanule à tiges filiformes.

PELOUSES SÈCHES ET / OU ROCAILLEUSES - FENTES DE ROCHERS ENSOLEILLÉS

Vipérine jaune
Echium flavum
(Boraginacées)

Plante dressée, couverte de poils durs (feuilles, tiges, calices). Inflorescence en épi avec de nombreux groupes de fleurs serrés. Corolle jaune clair, en forme d'entonnoir à cinq lobes, d'où émergent les cinq étamines et le style.

Centaurée (jaune)
Centaurea pubescens
(Composées / Astéracées)

Cette centaurée est remarquable par la belle couleur de ses fleurs, et par ses bractées bordées de longs cils rudes, avec une longue épine centrale. Les feuilles, à la base, sont découpées et pubescentes.

PELOUSES SÈCHES ET / OU ROCAILLEUSES · FENTES DE ROCHERS ENSOLEILLÉS

Œillet sylvestre
Dianthus sylvestris
(Caryophyllacées)

Cet œillet, abondant, forme de belles touffes aux tiges raides et fines feuilles opposées. Le calice est un long tube, doublé d'un petit calicule aux écailles ovales terminées par une courte pointe. Les cinq pétales roses sont dentés, les dix étamines, s'ouvrent avant l'apparition des deux styles enroulés en crosse.
Floraison mai-juin.

PELOUSES SÈCHES ET / OU ROCAILLEUSES - FENTES DE ROCHERS ENSOLEILLÉS

Œillet de Lusitanie
Dianthus lusitanus
(Caryophyllacées)

Cet élégant oeillet se distingue de l'œillet sylvestre par un calice plus étroit et plus allongé, des pétales plus fins, poilus près de la gorge, et aux extrémités finement frangées. Il fleurit plus tard, en juin, et ses touffes sont plus fournies. Il apprécie les fentes de rochers siliceux. C'est une **endémique** du Maroc et de la péninsule ibérique.

PELOUSES SÈCHES ET / OU ROCAILLEUSES - FENTES DE ROCHERS ENSOLEILLÉS

Valériane tubéreuse
Valeriana tuberosa
(valérianacées/caprifoliacées)

Feuilles de la base entières ou peu découpées, feuilles de la tige très découpées. Une seule tige porte l'inflorescence en petite tête arrondie. Fleurs roses en tube à 5 pétales, 3 étamines. Après la floraison, les bords du calice s'enroulent et le fruit est surmonté d'une aigrette. Pelouses sèches ou rocailleuses. Mai-juin.

PELOUSES SÈCHES ET / OU ROCAILLEUSES - FENTES DE ROCHERS ENSOLEILLÉS

Mauve de Tournefort
Malva tournefortiana
(malvacées)

Comme leur cousin l'hibiscus, les mauves ont de nombreuses étamines soudées en tube autour du style. A la différence de la mauve sylvestre, rudérale plus commune, la mauve de Tournefort a des feuilles finement découpées, des fleurs plus claires et elle apprécie les terrains rocailleux ensoleillés.

PELOUSES SÈCHES ET / OU ROCAILLEUSES - FENTES DE ROCHERS ENSOLEILLÉS

Thym serpolet de l'Atlas
Thymus serpyllum atlanticus
(Labiées / Lamiacées)

Plante aromatique basse, gazonnante. Petites feuilles opposées ovales, courtes tiges florales dressées. Lèvre supérieure courte, échancrée, lèvre inférieure à 3 lobes. Pelouses sèches, rocailleuses et ensoleillées.

PELOUSES SÈCHES ET / OU ROCAILLEUSES - FENTES DE ROCHERS ENSOLEILLÉS

Anthyllis vulnéraire
Anthyllis vulneraria ssp maura
(papilionacées / fabacées)

Cette fleur se reconnait à la belle couleur pourpre de sa corolle, à son calice renflé et velu à ouverture oblique. Les fleurs sont groupées en tête dense entourée d'une collerette de bractées foliaires. Les feuilles sont composées avec plusieurs paires de folioles et une foliole terminale souvent plus grande. L'anthyllis aime les creux de rochers ensoleillés et fleurit dès avril.

PELOUSES SÈCHES ET / OU ROCAILLEUSES · FENTES DE ROCHERS ENSOLEILLÉS

Jurinée naine
Serratule naine
Jurinea humilis
(Composées / Astéracées)

Plante gazonnante, sans tige ou presque. Feuilles découpées, blanches tomenteuses en dessous. Gros capitule à bractées extérieures tomenteuses à sommet recourbé en dehors. Fleurs purpurines. Les étamines forment un tube violacé d'où sort le pollen blanc, puis émergent les styles en crosse.

PELOUSES SÈCHES ET / OU ROCAILLEUSES · FENTES DE ROCHERS ENSOLEILLÉS

Aspérule
Asperula (cynanchica)
(rubiacées)

Feuilles en verticille, linéaires. Petites fleurs à corolle rose en tube terminé par 4 pétales. Nombreuses tiges, couchées, quadrangulaires. Pelouses sèches, fentes de rochers. Plateau du Tizrag, mai-juin.

Vesce à feuilles étroites
Vicia tenuifolia
(Papilionacées / Fabacées)

Feuilles à 6-12 paires de folioles fines. Inflorescence en grappe allongée à nombreuses fleurs serrées. Calice à dents inférieures plus courtes que le tube. Corolle mauve ou bleu-violacé, penchée vers le bas, ailes et carènes plus claires.

PELOUSES SÈCHES ET / OU ROCAILLEUSES - FENTES DE ROCHERS ENSOLEILLÉS

Scabieuse colombaire
Scabiosa columbaria
(Dipsacacées)

Plante de 30-80 cm, poilue, tige rameuse, feuilles caulinaires très découpées. Les fleurs couleur lilas sont rassemblées sur un capitule porté par des bractées aigües doublées de poils noirs. Rochers et rocailles herbeuses, floraison à partir de juin.

Scille d'automne
Scilla autumnalis
Prospero autumnalis
(Asparagacées)

Comme son nom l'indique cette petite plante fleurit à la fin de l'été sur des pelouses sèches. Elle est peu fréquente et fugace. Ses fleurs mauves à 6 tépales en étoile son groupées en épi au bout d'une tige unique. Les feuilles linéaires apparaissent à la fin de la floraison.

PELOUSES SÈCHES ET / OU ROCAILLEUSES · FENTES DE ROCHERS ENSOLEILLÉS

Sauge fausse verveine
Salvia verbenaca
(Labiées / Lamiacées)

Cette sauge, assez fréquente en mai-juin, est velue. Ses feuilles, situées surtout à la base, sont lobées irrégulièrement et ridées. Le calice est poilu-glanduleux, la lèvre supérieure de la corolle est développée, recourbée en casque. Les deux étamines et le style sont très saillants. En arabe : « kef-el-jmel », l'épaule du chameau.

PELOUSES SÈCHES ET / OU ROCAILLEUSES - FENTES DE ROCHERS ENSOLEILLÉS

Véronique rosée
Veronica rosea
(Scrophulariacées)

Cette **endémique** du Maroc / Algérie / Péninsule ibérique est très petite mais attire par sa jolie couleur. Comme les autres véroniques, les quatre lobes de sa corolle sont légèrement inégaux, et les deux étamines sont saillantes. Elle fleurit dès avril dans les pelouses rocailleuses de montagne.

PELOUSES SÈCHES ET / OU ROCAILLEUSES - FENTES DE ROCHERS ENSOLEILLÉS

Jasione crépue
Jasione crispa
(Campanulacées)

Plante gazonnante, à tiges couchées puis ascendantes. Les fleurs bleu-lilas sont groupées en tête (environ 2 cm) terminant la tige. La tige et les sépales sont velus. La corolle est profondément découpée en lobes étroits, désordonnés, dépassés par les cinq étamines, puis par le style.

Campanule à tiges filiformes
Campanula filicaulis
(campanulacées)

Campanule discrète, qui pousse à ras de sol des pelouses sèches ou rocailleuses, et qui fleurit tard dans la saison à l'abri de rochers ou de xérophytes épineux. Corolle divisée en cinq lobes, cinq longues étamines, pistil à trois stigmates en crosse.

PELOUSES SÈCHES ET / OU ROCAILLEUSES - FENTES DE ROCHERS ENSOLEILLÉS

Catananche bleue
Catananche caerulea
(Composées / Astéracées)

Cette catananche se reconnaît facilement à ses belles fleurs bleu-violet, et ses bractées membraneuses transparentes qui crissent sous les doigts.
Elle est assez courante, fleurissant en juin, et appréciant les pelouses sèches et rocailleuses.

PELOUSES SÈCHES ET / OU ROCAILLEUSES · FENTES DE ROCHERS ENSOLEILLÉS

Carthame penné
Carthamus pinnatus
Carduncellus pinnatus
(Composées / Astéracées)

Ces gros capitules de fleurs violettes, sans tige, sont entourés d'une grande rosette de feuilles, les premières entières, à bords épineux et nervures marquées, les suivantes pennées, à segments lancéolés et épineux. Fruits en akènes à aigrette.

PELOUSES SÈCHES ET / OU ROCAILLEUSES · FENTES DE ROCHERS ENSOLEILLÉS

Panicaut de Bourgat
Eryngium bourgatii
(Ombellifères / Apiacées)

Malgré ses épines, ce n'est pas un chardon de la famille des composées ! C'est une plante glabre d'un vert très pâle. Feuilles divisées en lobes épineux et veinées de blanc. Fleurs bleues regroupées en têtes entourées d'une grande collerette de bractées pointues. Floraison à partir de juin.

PELOUSES SÈCHES ET / OU ROCAILLEUSES - FENTES DE ROCHERS ENSOLEILLÉS

Vesce faux-sainfoin
Vicia onobrychioides
(Papilionacées / Fabacées)

Feuilles à 4-8 paires de folioles oblongues. Inflorescence à 5-12 fleurs. Calice à longues dents inférieures, les supérieures sont très courtes. Corolle violette à étendard veiné de foncé, carène et ailes plus pâles. Floraison abondante en mai-juin. Fruit en gousse.

Muscari à toupet
Muscari comosum
(Asparagacées)

Le toupet du muscari, c'est cette chevelure de fleurs violettes dressées ; en fait, ce sont des fleurs stériles, destinées à attirer les insectes par leur couleur. Les fleurs fertiles sont en-dessous, en petits grelots jaunes brunâtres.

PELOUSES SÈCHES ET / OU ROCAILLEUSES - FENTES DE ROCHERS ENSOLEILLÉS

Anthémis pédonculée
Fausse camomille
Anthemis pedunculata
(Composées / Astéracées)

Ce n'est pas une marguerite, malgré ses ligules blanches et son coeur de fleurs jaunes en tube. En effet, ses tiges sont ramifiées, ses feuilles sont découpées en lanières fines. Ses longs pédoncules floraux sont striés. A la fin de la floraison, le réceptacle floral devient conique, et les fleurs ligulées se rabattent sur le pédoncule. Odeur agréable. Pelouses sèches, bords de piste, rochers.

PELOUSES SÈCHES ET / OU ROCAILLEUSES - FENTES DE ROCHERS ENSOLEILLÉS

Phalangère à fleurs de lis
Anthericum liliago
Anthericum baeticum
(Liliacées)

Ces très belles fleurs blanches ont six tépales, comme les autres liliacées, six étamines jaunes, et un style long et recourbé dépassant les étamines. Les feuilles, à la base, sont longues et étroites. La hampe florale peut atteindre 60 cm, l'inflorescence est en grappe. Pelouses plus ou moins sèches et ensoleillées.

PELOUSES SÈCHES ET / OU ROCAILLEUSES - FENTES DE ROCHERS ENSOLEILLÉS

Rhodanthème catananche
Rhodanthemum catananche
Leucanthemum catananche
(Composées / Astéracées)

Cette très jolie composée, assez fréquente dans les rocailles de la montagne, est une **endémique**. Elle forme des touffes gazonnantes avec des tiges peu élevées. Les ligules sont blanc crème et pourpre à la base, légèrement rosées à l'extérieur, et elles rosissent en se fanant. Les fleurs centrales en tube sont jaunes, et les bractées du capitule ont des marges translucides comme celles de la catananche bleue.

PELOUSES SÈCHES ET / OU ROCAILLEUSES - FENTES DE ROCHERS ENSOLEILLÉS

137

Germandrée à feuilles rondes
Teucrium rotundifolium
(Labiées / Lamiacées)

Cette plante est une **endémique** du Maroc et de la péninsule ibérique. En Espagne, on l'appelle « rompepiedras » (casse-pierre) : en effet, elle affectionne les fissures de rochers ensoleillés, où elle étale ses coussins gazonnants de feuilles rondes, velues, à petits lobes, très serrées. Les fleurs sont très petites (environ 3mm de large), blanc crème ou rose pâle, et la lèvre supérieure est absente, alors que la lèvre inférieure, trilobée, a un lobe central développé. Le calice est vert rougeâtre.

Crapaudine velue
Sideritis villosa
(Labiées, Lamiacées)

Cette **endémique** du Maroc se loge dans les rochers ensoleillés. Elle est très velue. Ses petites feuilles ovales sont épaisses, gaufrées, régulièrement dentées. Comme les autres crapaudines, la lèvre supérieure de la corolle est dressée, la lèvre inférieure est trilobée, et les étamines ne dépassent pas le tube.

PELOUSES SÈCHES ET / OU ROCAILLEUSES · FENTES DE ROCHERS ENSOLEILLÉS

Réséda blanc
reseda alba
(Résédacées)

Plante à longue tige dressée, feuilles composées de nombreuses folioles, inflorescence en grappe longue et étroite, corolles blanches et grosses étamines orangées, nombreuses, fruit en capsule comme une outre ouverte au sommet. Pâturages rocailleux.

Onopordon sans tige
Onopordon acaule
(Composées / Astéracées)

Spectaculaire plante à ras de sol, avec de gros capitules au centre d'une grande rosette de feuilles divisées à lobes très épineux. Les capitules globuleux sont entourés de bractées à pointes acérées.

PELOUSES SÈCHES ET / OU ROCAILLEUSES - FENTES DE ROCHERS ENSOLEILLÉS

Pâquerette vivace
Bellis perennis
(Composées / Astéracées)

Cette pâquerette est plus grande et moins fréquente que l'endémique pâquerette bleutée. Les ligules sont blanches à l'endroit, rosées à l'envers, et rosissent en se fanant. Les feuilles sont toutes à la base, avec un limbe ovale graduellement atténué en pétiole et une seule nervure visible.

Fétuque marocaine
Festuca maroccana
(Graminées / Poacées)

PELOUSES SÈCHES ET / OU ROCAILLEUSES - FENTES DE ROCHERS ENSOLEILLÉS

JBEL OUKAÏMEDEN, JBEL ATTAR, JBEL ANGOUR
Pentes et ravins des montagnes cristallines

Ces pentes de rochers cristallins (granite, rhyolite) de haute montagne (à partir de 2600 m) sont recouvertes de xérophytes épineux et de tapis de scorzonères et catananches gazonnantes sur les replats. Le pastel (*isatis tinctoria*) envahit les basses pentes. On retrouve (ou on découvre) le vélar, la jasione, la bugrane du Mont Cenis, le céraiste de l'Atlas... Mais il y a aussi des endémiques qui attirent l'attention. Sur les basses pentes, la fritillaire ressemble à une tulipe aux couleurs sombres. Le pavot de l'Atlas, fragile et éphémère, a une belle couleur orangée. Le *cirsium dyris*, épineux et laineux, semble apprécier la proximité des anciennes installations de la station de ski. Le myosotis, la vergerette, très discrets, poussent à l'abri des rochers. Le rhodanthème de l'Atlas, qui ressemble à une marguerite, rosit quand il se fane. La linaire triste, qui porte bien son nom par ses couleurs, est peu fréquente.

Dans les ravins plus ou moins humides du versant nord, les grandes berces voisinent avec le cirse « à épines d'or », particulièrement agressif, avec le panicaut, et aussi - moins fréquente - la campanule de Maire. Les rochers humides à l'ombre abritent un orpin de l'Atlas, endémique rare, qui accompagne l'arabette rougissante ou la minuartie de printemps.

PENTES ET RAVINS DES MONTAGNES CRISTALLINES

Fritillaire à gros fruits
Fritillaria macrocarpa
(Liliacées)

Cette sorte de tulipe aux couleurs sombres est une **endémique** du Maroc. De beaux peuplements poussent dès le mois d'avril au pied des pentes de terrains cristallins, mais il y en a aussi sur le plateau de grès.

Cirse (?...)
Cirsium dyris
(Composées / Astéracées)

Ce cirse, **endémique** (pas de nom français) se reconnaît à ses poils blancs fins qui recouvrent la tige et les bractées du capitule. Feuilles et bractées sont épineuses. Ce cirse pousse dans les rocailles et éboulis de montagne, et à l'Ouka, il abonde près des anciennes installations de la station.

Linaire couchée
Linaire à tiges multiples
Linaria multicaulis
(Scrophulariacées)

La linaire est une cousine du muflier (gueule de loup), mais avec un éperon qui prolonge la corolle. Cette linaire est discrète, étalée sur le sol sur lequel elle déploie de nombreuses tiges, avec de petites feuilles étroites. La corolle fait moins de 2 cm de longueur.

PENTES ET RAVINS DES MONTAGNES CRISTALLINES

Bugrane à crête
Bugrane du Mont Cenis
Ononis cristata
(Papilionacées / Fabacées)

Sous arbrisseau couché étalé, feuilles à trois folioles dentées, fleur solitaire portée par un long pédoncule, grand étendard rose rayé de rouge, ailes et carène plus claires. Pelouses sèches et rocailles.

PENTES ET RAVINS DES MONTAGNES CRISTALLINES

Pavot de l'Atlas
Papaver atlanticum
(Papavéracées)

Comme le coquelicot, ce pavot a quatre pétales (environ 3 cm de longueur) et un pistil renflé avec les stigmates disposés en rayons au sommet. Les nombreuses étamines, ainsi que les sépales, sont tombés.
Ce pavot orangé est une **endémique** du Maroc, et pousse dans les rocailles de montagne. Floraison en juin.

Xéranthème fermé
Xeranthemum inapertum
(Composées / Astéracées)

En grec, anthemo : fleur, et xero : sec. C'est bien l'aspect des bractées de cette petite plante, elles sont comme des écailles sèches. La fleur s'ouvre peu, les ligules sont rosés.
Pelouses sèches et rocailleuses.

PENTES ET RAVINS DES MONTAGNES CRISTALLINES

Vergerette de Grenade
Erigeron granatensis
(Composées / Astéracées)

Petite plante trapue, à nombreux rejets stériles. Les tiges fertiles et les feuilles sont densément hérissées de poils blancs, ainsi que les bractées du capitule. Les fleurs extérieures à ligule sont rose lilas, les fleurs intérieures en tube sont jaunes. Le capitule a environ 1 cm de diamètre. C'est une **endémique** du Maroc et de la péninsule ibérique, qui pousse dans les pâturages rocailleux de montagne.

Pâquerette bleutée
Bellis caerulescens
(Composées / Astéracées)

Cette petite pâquerette aux ligules mauve ou bleu clair et au coeur jaune se cache dans les creux humides de rochers ou à l'ombre d'un xérophyte épineux. C'est une **endémique** du Maroc. Ses petites feuilles rondes sont toutes à la base, et leur limbe est atténué en pétiole. Elle fleurit en mai-juin.

Céraiste de Gibraltar
Cerastium gibraltaricum
(Caryophyllacées)

Plante vivace des sols rocheux de montagne.
Sépales couverts de poils glanduleux.

Linaire triste (livide)
Linaria tristis subsp lurida
(Scrophulariacées)

En espagnol, on l'appelle « acicate del diablo » : l'éperon du diable. En français, ce sont ses couleurs qui la rendent triste ! Elle a un port prostré, ses feuilles sont glauques et grasses, l'éperon mesure 1 à 2 cm.
C'est une **endémique** du Maroc, des moyennes et hautes montagnes.

PENTES ET RAVINS DES MONTAGNES CRISTALLINES

Myosotis de l'Atlas
Myosotis atlantica
(Boraginacées)

Elles sont très petites, ces fleurs de myosotis, mais elles attirent l'attention par leur couleur ! Ce myosotis aime les pelouses humides, les bords de ruisseaux de montagne, ou les rochers à l'ombre fraîche. C'est une **endémique** du Maroc.

PENTES ET RAVINS DES MONTAGNES CRISTALLINES

Rhodanthème de l'Atlas
Rhodanthemum atlanticum
Leucanthemum atlanticum
(Composées / Astéracées)

Ce rhodanthème ressemble à son frère le rhodanthème catananche : lui aussi **endémique** du Maroc, poussant dans les rochers en petites touffes, avec des feuilles divisées et des pédoncules portant un seul capitule. Mais les ligules sont entièrement blanches, rosissant très vite, et les bractées du capitule sont bordées d'une marge noire. Il préfère des rochers frais de haute montagne.

PENTES ET RAVINS DES MONTAGNES CRISTALLINES

Népéta de l'Atlas
Nepeta atlantica
(Labiées)

Plante odorante, **endémique** du Maroc. Feuilles ovales, crénelées. Calice à poils mous. Corolle saillante, 8-10 mm de longueur. Rochers, graviers.

Hysope officinal
Hyssopus officinalis
(Labiées / Lamiacées)

Plante aromatique, poilue-glanduleuse, nombreux rameaux, feuilles allongées, inflorescence dense, belles corolles violettes. Rochers, sols pierreux.

PENTES ET RAVINS DES MONTAGNES CRISTALLINES

Orpin de l'Atlas
Sedum surculosum
Sedum atlanticum
(Crassulacées)

Petite plante très discrète, cachée à l'ombre de rochers humides et de suintements, petites feuilles charnues, fleurs aux pétales jaunes, lavés de brun-rouge.
C'est une **endémique** du Maroc, des montagnes, peu fréquente.

Campanule de Maire
Campanula mairei
(Campanulacées)

Cette campanule, peu fréquente, **endémique** du Maroc, ne pousse que dans les lieux humides de montagne, bords de ruisseaux ou éboulis. Son nom rend hommage à René Maire, pionnier de la botanique en Afrique du Nord.

PENTES ET RAVINS DES MONTAGNES CRISTALLINES

Arabette rougissante
arabis erubescens
(Crucifères / Brassicacées)

Cette très discrète arabette est une **endémique** du Maroc, et ne pousse que dans les fissures humides de rochers ombragés (voir la mousse et la fougère qui l'accompagnent). Feuilles surtout à la base en rosette, très velues comme la tige. Les pétales blancs virent au rosé, ce qui justifie le nom de cette arabette.
Siliques dressées.

Minuartie de printemps
minuartia verna
(Caryophyllacées)

Petite plante discrète à l'ombre des rochers, souvent en compagnie de l'arabette rougissante. Tige fine, ramifiée, glanduleuse. Feuilles opposées, planes et très étroites. 5 sépales pointus, légèrement dépassés par les 5 pétales blancs à la base élargie puis contractée en un onglet. 10 étamines.

Trèfle humble
Trifolium humile
(Papilionacées / Fabacées)

Plante gazonnante sur terrains ou rochers humides mais ensoleillés de montagne. Inflorescence en petits capitules globuleux, corolle rose pourpré.

PENTES ET RAVINS DES MONTAGNES CRISTALLINES

Grande berce
Heracleum sphondylium
(Ombellifères / Apiacées)

Grande plante, qui apprécie les ravins humides. La tige (1-2m de hauteur) est robuste, cannelée, creuse. Les grandes feuilles, insérées sur la tige avec une gaine ventrue, sont divisées en 3-5 segments. Ombelles à 15-30 rayons poilus. Fleurs blanches à pétales extérieurs plus grands. Floraison en juin.

PENTES ET RAVINS DES MONTAGNES CRISTALLINES

PLANTES RUDÉRALES
Bords de chemins et de pistes, abords des « azibs »

Les rudérales (de rudus : décombre) sont des plantes qui poussent spontanément dans les friches, les décombres, les bords de chemins et de lieux habités par les hommes ou les animaux.

Dans les montagnes de l'Atlas, le pastel (*isatis tinctoria*), avec ses grandes inflorescences jaunes, recouvre des pentes entières. A ras du sol, l'anacycle pyrèthre aux fleurs blanches s'étend aussi bien au bords des chemins, dans les pâturages que sur les rochers près des « azibs ». Dans le vallon plus ou moins humide sous la station (où la voirie laisse beaucoup à désirer…), les graminées, qui feront le régal des troupeaux transhumants de l'été, voisinent avec la roquette bâtarde, le tabouret ou la neslie, et aussi la grande berce. En début de saison, plus près du sol, on voit le pissenlit luisant ou l'érodium « bec-de-grue ». Le plantain corne-de-cerf étale ses multiples rosettes, et la discrète paronychie ses bractées argentées. Aux abords des « azibs » prospèrent la mauve sylvestre, la passerage drave, l'achillée odorante, et bien sûr la vipérine rose. Une crucifère à petites fleurs mauve (*hesperis laciniata*) envahit le fumier déposé près des azibs.

PLANTES RUDÉRALES

Pastel
Isatis tinctoria
(Crucifères / Brassicacées)

Grande plante très abondante, voire invasive. Feuilles glabres, vert glauque. Inflorescence ample et ramifiée, fleurs jaunes, fruits aplatis et pendants.
En Europe, elle était utilisée autrefois pour faire une teinture bleue - d'où son nom - : les feuilles étaient écrasées en pâte (pasta). Il ne semble pas que cet usage ait été connu au Maroc.

PLANTES RUDÉRALES

Anacycle pyrèthre
Anacyclus pyrethrum
(Composées / Astéracées)

Cette «marguerite de l'Atlas», «tiguentast» en berbère se reconnaît à son port couché étalé, au bord des chemins ou sur un rocher, et par l'envers des ligules rougeâtre. C'est une **endémique** du Maroc, de l'Algérie et de la péninsule ibérique, et ses racines sont très utilisées en médecine traditionnelle, récoltées, exportées.

Anacycle de Valence
Anacyclus valentinus var. *homogamos*
(Composées / Astéracées)

Cette composée se reconnaît à ses gros capitules jaunes sans ligules apparentes. Elle est odorante. Elle s'étend sur des terrains incultes, des bords de chemins, ici sur une pente orientée vers le sud.

Roquette bâtarde
Hirschfeldia incana
(Crucifères / Brassicacées)

Elle se distingue de la vraie roquette par ses fleurs jaunes, et non blanches, et de la fausse roquette par ses fruits en longues siliques, parfois renflées au sommet, et appliquées contre la tige. Grande plante très ramifiée, à feuilles basales découpées et tiges dégarnies.

PLANTES RUDÉRALES

Bourse-à-pasteur
Capsella bursa-pastoris
(Crucifères / Brassicacées)

Plante très commune en bords de champs ou de chemins. Feuilles découpées, surtout en rosette à la base de la tige. Petites fleurs blanches. Fruit très reconnaissable : silicule triangulaire en coeur, plate comme la bourse des pasteurs !

Neslie paniculée
Neslia paniculata
(Crucifères / Brassicacées)

Cette rudérale, de la famille de la moutarde, se reconnaît à ses petits fruits en silicules ressemblant à des lentilles ridées, terminées par une pointe

Salsifi à feuilles de crocus
Tragopogon crocifolius
(Composées / Astéracées)

Belles fleurs pourpre et jaunes, longues et fines bractées du capitule dépassant les fleurs comme des rayons. Plante glabre.

Erodium à feuilles de cigüe, Bec-de-grue
Erodium cicutarium
(Géraniacées)

C'est un cousin du géranium, mais chez l'érodium, seules cinq des dix étamines ont des anthères. Les feuilles sont très découpées et un peu velues. La plante apparaît au ras du sol, mais les tiges peuvent se développer. Les fleurs sont petites. Le fruit est surmonté d'un long bec (2-4 cm) constitué de cinq arêtes qui s'enroulent en hélice à maturité. Floraison dès le mois d'avril. Plante assez commune.

Plantain corne-de-cerf
Plantago coronopus
(Plantaginacées)

C'est la forme de ses feuilles qui a fait penser à des cornes de cerfs. Ses feuilles forment de petites rosettes à ras du sol, avant comme après la floraison, qui tapissent de grandes surfaces.

Paronychie argentée
Paronychia argentea
(Caryophyllacées)

Elle est tellement discrète, étalée sur le sol, qu'on y marche dessus sans prendre garde ! Et pourtant, vue de près, elle brille par ses bractées argentées, qui cachent les fleurs minuscules.
On la compare à la peau de mouton de la prière (« el hidoura ») ! C'est une plante pionnière, ses tiges rampantes colonisent les terrains sableux.

PLANTES RUDÉRALES

Pissenlit à feuilles obovales, pissenlit luisant
Taraxacum obovatum
(Composées / Astéracées)

Feuilles en rosette appliquée sur le sol, obovales, entières, mais parfois découpées. L'extrémité des bractées est corniculée.

Trèfle pied-de-lièvre
Trifolium arvense
(Papilionacées / Fabacées)

Ce petite trèfle doit son nom à son inflorescence où les dents rougeâtres du calice, beaucoup plus longues que la corolle, sont couvertes de poils agréables au toucher.

Achillée de Ligurie
Achillea ligustica
(Composées / Astéracées)

Plante odorante, poilue, de grande taille, qui apprécie les rochers ou les murets des bergeries. Elle a des feuilles finement découpées. Les inflorescences sont en corymbes, les capitules ont peu de fleurs, les fleurs externes (fleurs femelles) ont des ligules blanches arrondies, les internes sont en tube d'où dépassent les étamines jaunes.

Mauve sylvestre
Malva sylvestris
(Malvacées)

La « khobbiza », consommée pour ses feuilles, a de grandes fleurs mauve, et elle pousse dans les lieux incultes, près des « azibs ».

PLANTES RUDÉRALES

Vipérine faux-plantain
Echium plantagineum
(Boraginacées)

Toute la plante (tiges, feuilles, calices) est couverte de poils, les feuilles sont ovales, les fleurs rougeâtres virent rapidement au bleu-violacé. La corolle est grande (2-3 cm de long) en large entonnoir (d'aucuns ont dit « en gueule de vipère ») avec cinq étamines dont deux saillantes. La corolle est poilue sur les nervures et les bords. Elle affectionne les terrains incultes, pâturés, surtout au soleil.

Passerage drave, Cardaire drave
Lepidium draba, cardaria draba
(Crucifères / Brassicacées)

Plante invasive, abondante près des azibs et sur les terrains pâturés. Feuilles vert glauque, embrassantes sur la tige. Inflorescence fournie, fleurs à quatre pétales blancs en croix (comme toutes les crucifères). Fruit en silicule.

PLANTES RUDÉRALES

Scrophulaire (molle)
Scrophularia laevigata
(Scrophulariacées)

Plante à solides tiges carrées, feuilles opposées à trois segment, le dernier beaucoup plus grand. Petites fleurs brunes, corolle en tube ventru se terminant par deux lèvres ; la lèvre supérieure, plus développée, a deux lobes. Quatre étamines fertiles.

Herbe de Sainte Sophie
Descurainia sophia
(Crucifères / Brassicacées)

Cette plante peut former de gros massifs près des azibs. Les tiges, dressées et rameuses, sont hautes. Les feuilles, abondantes, sont très découpées. Les fleurs jaune pâle ont quatre pétales de moins de 3 mm de longueur. Les fruits sont des siliques longues et un peu arquées.

PLANTES RUDÉRALES

Centaurée de Salamanque
Mantisalca salmantica
(Composées / Astéracées)

Plante très rameuse, à longs rameaux grêles, feuilles de la base en rosette. Les bractées du capitule forment un cône ovoïde resserré au sommet, et elles se terminent par une petite pointe. Fleurs mauve. (Ici, le pollen blanc apparaît au bout des étamines.)

Grémil
Lithospermum arvense
Buglossoides arvense
(Boraginacées)

Petite plante couverte de poils raides, feuilles ovales à une nervure, inflorescence en cyme enroulée, petites fleurs violettes.

Pavot douteux, coquelicot douteux
Papaver dubium
(Papavéracées)

Ce pavot est plus petit que le coquelicot, et ses pétales, un peu plus clairs, ne se chevauchent pas. Nombreuses étamines à anthères pourpres. Tiges, feuilles et sépales velus. Deux sépales caducs. Fruit en capsule. Terrain vague. (Ici sur les basses pentes du Jbel Attar, près des azibs Tiferguine, mois de mai)

Silène à larges feuilles
Compagnon blanc
Silene latifolia
(Caryophyllacées)

Plante dioïque : les fleurs mâles (en bas) ne sont pas sur les mêmes pieds que les fleurs femelles (à gauche, avec le fruit).

PLANTES RUDÉRALES

FALAISE ET ROCHERS

La falaise du Tizrag borde le plateau du même nom. Elle est orientée vers le nord-ouest, dominant les cols de Azib Afra et Tizi Aguerd n'Isk. Ponctuée par les buissons de xérophytes épineux qui utilisent les replats, elle est aussi occupée, dans ses parties basses, par les genévriers thurifères qui montent sur la pente sans atteindre, sauf exception, le plateau.

La végétation de falaise et de rochers se retrouve dans les petits escarpements qui dominent l'embouchure de l'assif Tiferguine.

L'amélanchier, le nerprun des Alpes, l'alisier et le houx, aériens, s'accrochent aux parties les plus verticales pour déployer leurs branches vers le ciel.

Le groseillier sauvage et l'églantier de Sicile, très épineux, s'abritent dans les rochers.

Plaquées contre des pans de falaise, les aliella, endémiques, attirent le regard par leur capitule dorés qui s'ouvrent en mai.

Le daphné à feuilles de laurier apprécie aussi les coins d'ombre, comme le joli narcisse blanc, qui fleurit au début du printemps, suivi par l'élégante petite pâquerette bleutée.

Dans les fissures à l'ombre se réfugient deux arabettes, une drave, une minuartie.

FALAISE ET ROCHERS

Amélanchier aux feuilles ovales
Amelanchier ovalis
(Rosacées)

Très bel arbuste, toujours accroché à la falaise. Feuilles caduques, ovales. Fleurs à 5 pétales blancs, regroupées en petites grappes. Fruits globuleux bleu-noir, couronnés par les 5 sépales persistants.

FALAISE ET ROCHERS

Alisier blanc
Sorbus aria *subsp meridionalis*
(Rosacées)

Un bel exemplaire se détache de la falaise sous l'ancienne table d'observation près de l'antenne. On reconnaît ses grandes feuilles ovales, dentées, blanches tomenteuses en-dessous. Ses fleurs sont blanches, ses fruits sont des drupes rouge-orangé à maturité.

FALAISE ET ROCHERS

Nerprun des Alpes
Rhamnus alpina
(Rhamnacées)

Cet arbuste tortueux, accroché à la falaise, a de grandes feuilles ovales, vert vif, aux nervures saillantes en-dessous. Les fleurs dioïques, verdâtres, à 4 pétales et 4 sépales, sont peu visibles. Les fruits sont de petites drupes qui noircissent à maturité.

FALAISE ET ROCHERS

Houx
Ilex aquifolium
(Aquifoliacées)

Ce bel arbuste, accroché à la falaise du Tizrag (ou ici au-dessus de la route d'accès à la station) a des feuilles persistantes, vertes, coriaces et luisantes, plus ou moins dentées et piquantes. Les fleurs sont petites, blanches. Les fruits sont des drupes rouges .

Groseillier sauvage
Ribes uva-crispa
(Glossulariacées / Saxifragacées)

Ce buisson épineux s'installe dans les creux de falaise et de rochers. Il a de très petites fleurs blanches et roses, butinées par les papillons. Les fruits sont de petites groseilles à maquereaux sauvages, à poils glanduleux. Les Berbères l'appellent « achdir n'ouchen » : épine du chacal.

Eglantier de Sicile
Rosa sicula
(Rosacées)

Cet arbrisseau touffu se loge dans les rochers. Les jeunes tiges sont rouges, ainsi que les aiguillons. Les feuilles, à 5-9 folioles, sont glanduleuses, ainsi que le dos des sépales. Les petites fleurs rose clair ont des stigmates velus. Les fruits ovales sont petits et gardent leur sépales. Cet églantier fleurit de juin à septembre.

Aliella à feuilles plates
Aliela platyphylla
Phagnalon platyphyllum
(**composées / astéracées**)

Cette **endémique** du Maroc tapisse des pans de falaises et des rochers inaccessibles. Ses feuilles ne dépassent pas 3 cm de longueur. Les capitules discoïdes rassemblent des dizaines de fleurs dorées, et sont entourés de bractées qui persistent après la floraison.

FALAISE ET ROCHERS

Aliella ballii
Phagnalon Ballii
(composées / astéracées)

Cette plante, **endémique**, n'a pas de nom français, et cinq noms en latin ! Elle forme des coussinets denses sur les rochers, souvent à la verticale. Ses feuilles en rosettes serrées sont petites et allongées, ses capitules en disques de moins de 2 cm de diamètre, enserrent des dizaines de fleurs jaune-doré. Floraison avril-mai.

Daphné purgatif, laurier des bois
Daphne laureola
(Thyméléacées)

Arbrisseau à tiges dressées, feuilles oblongues, vernissées, persistantes, les terminales en rosette. Petites fleurs verdâtres, fruits en drupes ovales, noires à maturité. Toxique, considéré comme abortif. Il se loge à l'ombre de rochers.

FALAISE ET ROCHERS

Porcelle faux-liondent
Hypochaeris leontodontoides
(Composées / Astéracées)

Cette composée **endémique**, aux belles ligules jaunes, se loge dans des creux de falaise pour déployer de longs pédoncules portant un seul capitule à bractées couvertes des poils longs et noirâtres. Les feuilles, basales, sont entières, avec de petits poils blancs et raides.

Epervière à feuilles embrassantes
Hieracium amplexicaule
(Composées / Astéracées)

Cette épervière est couverte (feuilles, tiges, bractées du capitule) de poils glanduleux visqueux. Les tiges sont ramifiées. Les feuilles de la base sont entières, ovales, celles de la tige sont cordées et embrassantes. Elle apprécie l'ombre des rochers de la falaise.

FALAISE ET ROCHERS

Joubarbe de l'Atlas
Sempervivum atlanticum
(Crassulacées)

Cette joubarbe est **endémique**. Comme les autres crassulacées, ses feuilles sont charnues. Celles de la joubarbe sont en rosettes basales (4-8 cm de diamètre), couvertes de poils glanduleux. Elles sont d'abord vertes, puis rougeâtres. Les fleurs ont une douzaine de pétales roses. La joubarbe de l'Atlas croît dans les rochers siliceux.

FALAISE ET ROCHERS

223

Orpin à feuilles épaisses
Sedum dasyphyllum
(Crassulacées)

Cet orpin discret est une plante grasse qui apprécie l'ombre des rochers. Ses feuilles épaisses, serrées, sont vert glauque ou rougeâtres. Ses jolies fleurs blanches ont 5 pétales (3 mm de longueur), 10 étamines et 5 carpelles bien visibles.

FALAISE ET ROCHERS

Narcisse (blanc) rupicole
Narcissus rupicola subsp watieri
(Amaryllidacées)

« Rupicole » veut dire « qui vit sur des rochers » : effectivement, ce joli narcisse blanc pousse à l'ombre de la falaise du Tizrag, ou bien dans des prairies humides. Il fleurit en début de printemps (avril-mai) et se fane rapidement. C'est une **endémique** du Maroc, des rochers siliceux des montagnes.

Arabette des Alpes
***Arabis alpina** subsp caucasica*
(Crucifères / Brassicacées)

Cette arabette fleurit dès le mois d'avril, logée dans les rochers ombragés. Ses feuilles sont dentées, velues, celles de la tige sont embrassantes. Les fleurs blanches sont longues (environ 1 cm), les sépales sont poilus, et les latéraux sont bossus à la base. Les siliques allongées sont bosselées.

Drave à feuilles de lierre
Draba hederifolia
(Crucifères / Brassicacées)

Cette petite crucifère à fleurs blanches est une **endémique**. Ses feuilles ont bien la forme de celles de lierre, (8-30 mm de large) et ses fruits sont des silicules qui ont gardé leur style. Elle pousse uniquement à l'ombre des rochers.

FALAISE ET ROCHERS

L'ÉTAGE DU GENÉVRIER THURIFÈRE

Au pied de la falaise du Tizrag, au-dessus de 2000 mètres d'altitude les pentes sont piquetées par le genévrier thurifère, qui forme des peuplements étendus à faible densité. Ce bel arbre occupe l'étage le plus élevé des forêts du Maroc. La forêt au pied de l'antenne a été appelée « bois des fiancés ». Certains arbres ont été abîmés par les coupes, mais cette thuriféraie est plutôt mieux conservée que dans d'autres secteurs de montagne du Maroc. Par contre, plus haut, le thurifère a disparu du plateau du Tizrag, sauf un exemplaire isolé, au-dessus de la station, et un petit boisement près de Tizi n'Oukaïmeden (rochers d'escalade).

Au pied de la falaise, les derniers chênes verts et genévriers oxycèdres accompagnent le thurifère, mais en pieds isolés, à leur limite supérieure en altitude. Les derniers genévriers rouges aussi atteignent cette altitude. Les xérophytes épineux observés plus haut sont encore très présents, surtout le buplèvre, de même que la graminée *stipa nitens*.

Du côté de l'ancienne piste de la station, entre l'ancien refuge du taureau et la route actuelle, d'importants reboisements de cèdres, pins maritimes (*maghrebiana*), et même de robiniers faux-acacia ont été réalisés. Les arbustes de genêts floribonds sont très nombreux.

En été, à cette altitude, toute la montagne embaume de l'odeur de l'ononis scarieuse. Les marcheurs rencontreront aussi sous leurs pieds des plantes épineuses : chardon à grosse tête, carline, échinops, bugrane, et dans les vallons humides le cirse « à épine d'or ». On retrouve de nombreuses fleurs déjà observées sur le plateau de Tizrag, et aussi l'ornithogale si blanche, la romulée mauve, et deux curiosités : le *pterocephalus* gazonnant, et en automne le colchique à feuilles fines (*merendera*).

L'ÉTAGE DU GENÉVRIER THURIFÈRE

Genévrier thurifère
Juniperus thurifera
(Cupressacées)

Très bel arbre, qui marque le dernier étage des forêts du Maroc, à partir de 1800m. Il résiste au froid de l'hiver et à la sécheresse de l'été, ainsi qu'à la pauvreté des sols. Tronc court et trapu, de forme souvent tourmentée, son diamètre peut atteindre 5-6 m. Ecorce fibreuse. Feuilles en petites écailles à pointe, avec des glandes résinifères très odorantes sur le dos (blanches sur la photo) qui donnent à cet arbre cette odeur caractéristique (thurifère veut dire : « porte-encens »). Arbre dioïque : les pieds mâles portent de petits chatons globuleux qui lâchent le pollen. Sur les pieds femelles, les fruits sont de petits cônes globuleux, charnus, bleu-noir à maturité. Le genévrier est très utilisé pour son bois (chauffage, construction), et pour son feuillage (fourrage pendant l'hiver). C'est une espèce menacée, qui a régressé au Maroc de 90% par rapport à son aire d'origine, et elle se reproduit peu.

L'ÉTAGE DU GENÉVRIER THURIFÈRE

Chêne vert
Quercus ilex
(Fagacées)

En dessous de l'étage du thurifère, le chêne vert résiste, malgré de nombreuses coupes pour le bois de feu, et reste la première essence forestière du Maroc. Dans le secteur étudié, il ne dépasse pas 2500 m d'altitude, et se rencontre seulement au pied de la falaise du Tizrag.

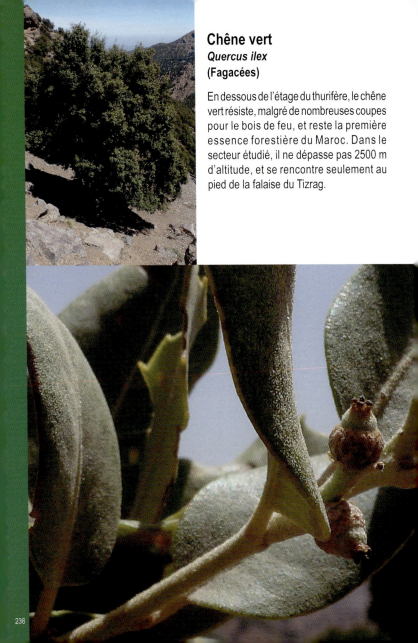

Genévrier oxycèdre
Juniperus oxycedrus
(Cupressacées)

Reconnaissable à ses petites aiguilles piquantes à deux rayures blanches, ce genévrier est ici à sa limite supérieure d'altitude, et prend souvent des formes étranges de résistance.

L'ÉTAGE DU GENÉVRIER THURIFÈRE

Cèdre de l'Atlas
Cedrus libani subsp *atlantica*
(Pinacées)

Ce beau conifère, **endémique** de l'Afrique du Nord, est ici en reboisement. Il a un port conique, avec des branches irrégulièrement dressées. Les aiguilles sont assez courtes, vert bleuté, groupées en bouquets. Les cônes mâles (3-5 cm de longueur) s'ouvrent en automne pour laisser échapper le pollen. Les cônes femelles, dressés, massifs (5-7 x 4 cm) ressemblent à des tonnelets murissant en plus d'une année ; leurs écailles sont arrondies et caduques.

L'ÉTAGE DU GENÉVRIER THURIFÈRE

Pin maritime du Maghreb
Pinus pinaster var.*maghrebiana*
(Pinacées)

Ce pin de reboisement a un port harmonieux touffu (comparé au pin d'Alep plus fréquent) et des aiguilles plus longues (15 cm). Au printemps, les cônes mâles répandent leur pollen emporté par le vent. Plus tard, les gros cônes femelles (8-20 cm) laissent tomber leurs graines pourvues d'ailettes. C'est une **endémique**. Il craint la chenille processionnaire.

L'ÉTAGE DU GENÉVRIER THURIFÈRE

241

Robinier faux-acacia
Robinia pseudo-acacia
(Papilionacées / Fabacées)

Arbre de 20-25 m de haut, écorce crevassée longitudinalement, stipules épineuses, feuilles à nombreuses folioles ovales, belles fleurs en grappes pendantes, très odorantes, fruits en gousses aplaties (5-10 cm de long). C'est un arbre de reboisement, originaire d'Amérique du Nord.

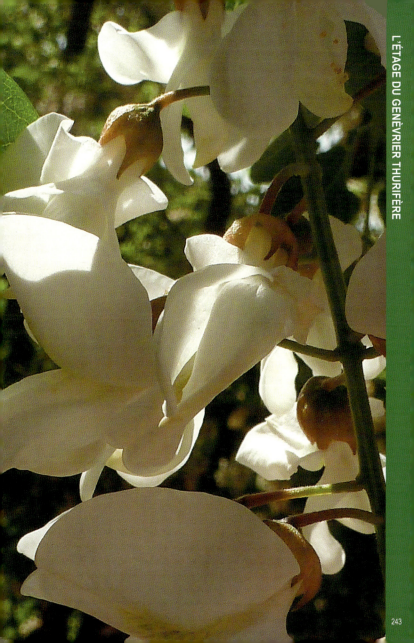

L'ÉTAGE DU GENÉVRIER THURIFÈRE

Genêt floribond
Genista florida
(Papilionacées / Fabacées)

Bel arbuste dressé, à floraison très abondante, comme l'indique son nom. Les petites feuilles sont simples, couvertes de poils soyeux, ainsi que les calices à dents marquées. La corolle a un étendard à nervure médiane poilue, ainsi que la carène. Ce genêt forme de beaux peuplements au pied de la falaise du Tizrag, mais n'atteint pas le plateau.

L'ÉTAGE DU GENÉVRIER THURIFÈRE

Ciste à feuilles de laurier
Cistus laurifolius** subsp **atlanticus
(Cistacées)

Ce ciste, buisson peu élevé très ligneux, **endémique**, supporte bien le froid. Les feuilles, assez larges, sont glabres, d'un vert presque bleuté. Les fleurs (5-6 cm de diamètre) ont 5 pétales blancs à tache jaune à la base, et de nombreuses étamines.

Aubépine d'Orient
Crataegus orientalis
(Rosacées)

Ce buisson épineux aux branches désordonnées est peu fréquent dans la zone étudiée. Les feuilles adultes sont velues. Les belles fleurs blanches ont 5 pétales et nombreuses étamines à anthères rouges.

Cirse de Casabone
Cirsium casabonae
Ptilostemon dyricola
(Composées / Astéracées)

Cette **endémique** du Maroc est remarquable par sa grande rosette de feuilles veinées de blanc et très épineuses, et par la haute taille de sa tige portant de nombreux capitules à bractées piquantes, presque sans pédoncule, à fleurs mauve.

L'ÉTAGE DU GENÉVRIER THURIFÈRE

Stipe (brillante)
Stipa nitens
(Graminées / Poacées)

Cette graminée, **endémique** du Maroc, pousse en abondance dans les rocailles de moyenne montagne. Ses touffes de tiges sont raides au toucher. Après la floraison, ses longues arêtes plumeuses s'enroulent les unes sur les autres.

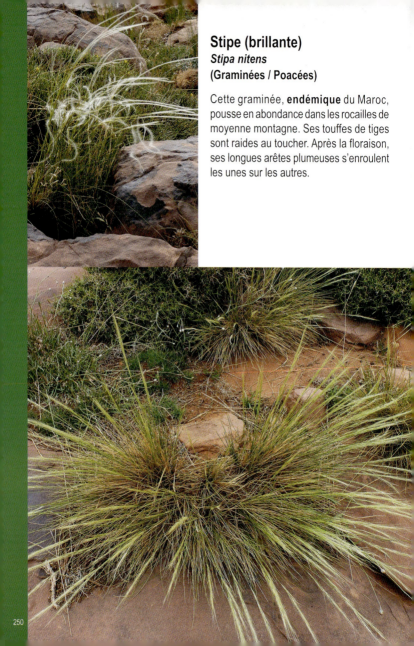

L'ÉTAGE DU GENÉVRIER THURIFÈRE

Scolyme d'Espagne
Scolymus hispanicus
(Composées / Astéracées)

Cette plante très épineuse est commune au bord des chemins ou dans les décombres. Sa tige est bordée en partie d'ailes piquantes. Les feuilles, elles aussi très piquantes, sont veinées de blanc. Les capitules, à l'aisselle des feuilles, ont des bractées terminées par une pointe. Toutes les fleurs sont ligulées, d'un beau jaune.

Daphné garou
Daphne gnidium
(Thyméléacées)

Arbrisseau aux tiges dressées, abondantes, avec des feuilles ovales, glabres, réparties densément sur toute la tige. Nombreuses fleurs groupées au sommet des rameaux. Petites fleurs blanches en tube ouvert par quatre lobes. Le fruit est une petite baie ovoïde, rouge-orangé, toxique.

Chardon à grosse tête
Carduus nutans macrocephalus
(Composées / Astéracées)

Chardon remarquable par la taille de son capitule et par ses grosses bractées sinueuses et pointues. Les feuilles sont piquantes, ainsi que la tige, sauf dans sa partie supérieure. Le fruit est un akène surmonté d'une aigrette de soies (25-30 mm) qui seront emportées par le vent, permettant la dispersion des graines. Plante commune.

Echinops très épineux
Echinops spinosissimus
(Composées / Astéracées)

« Echinops » veut dire : qui ressemble à un hérisson (ou un oursin !). L'inflorescence est un faux capitule globuleux. Chaque fleur, en tube blanc à 5 lobes, est entourée de bractées très longues et acérées, et de faisceaux de poils raides. En fin de floraison, les styles, avec leur stigmates en crosse, émergent du fourreau (violet clair) des étamines. Les feuilles aussi sont très agressives!

L'ÉTAGE DU GENÉVRIER THURIFÈRE

Carline
Carlina brachylepis
(Composées / Astéracées)

Cette plante très épineuse est une **endémique** du Maroc et de l'Algérie. Elle est fréquente à l'étage du thurifère, plutôt basse et étalée. Les bractées externes ressemblent aux feuilles piquantes. Les bractées moyennes sont plaquées contre le capitule, et les internes forment de jolies langues dorées (qui ne sont ni des pétales ni des ligules !). Les fleurs, discrètes, jaunâtres, apparaissent en été.

L'ÉTAGE DU GENÉVRIER THURIFÈRE

Molène
Verbascum calycinum
(Scrophulariacées)

Cette grande plante **endémique** se remarque par ses grandes feuilles épaisses duveteuses, d'abord en rosette à la base, puis sur les tiges. Les fleurs ont cinq pétales jaunes à onglets pourpre. Elle forme des peuplements importants près des thurifères des rochers d'escalade, mêlée à la graminée « stipa nitens ». Floraison en mai.

L'ÉTAGE DU GENÉVRIER THURIFÈRE

Orménis scarieuse
Ormenis scariosa
Cladanthus scariosus
(Composées / Astéracées)

Cette plante, **endémique** du Maroc, se reconnaît à son agréable odeur, qui imprègne toute la moyenne montagne en été ; en effet, ses touffes recouvrent des pentes entières. Ses petits capitules (1,5 cm de diamètre) ont de courtes ligules jaunes, ainsi que les fleurs du centre.

L'ÉTAGE DU GENÉVRIER THURIFÈRE

Cirse « à épines d'or »
Cirsium chrysacanthum
(Composées / Astéracées)

Cette **endémique** du Maroc est impressionnante par la taille et la robustesse de ses épines jaune doré, de plus en plus longues vers le haut de la plante. Les tiges dressées font 1-1,5 m de hauteur. La floraison est tardive, à partir de juin. Cette plante ne pousse que dans les petits cours d'eau, vallons humides ou suintements de montagne.

L'ÉTAGE DU GENÉVRIER THURIFÈRE

Glaïeul sauvage
Gladiolus communis
(Iridacées)

En bordure des champs de « azib afra », ou bien de la route de l'Ouka. On l'appelle « sif-el-ard » : l'épée de la terre, pour la forme de ses feuilles !

Ornithogale en ombelle
Ornithogalum umbellatum
Ornithogalum algeriense
(Asparagacées)

Malgré la petite taille de la plante, les fleurs se remarquent par la blancheur de leurs tépales (environ 2 cm), avec une large bande verte au revers. Les filets des étamines sont plats. L'inflorescence est en corymbe (fausse ombelle), les feuilles sont linéaires, en gouttière.

Urginée maritime
Urginea maritima
(Asparagacées)

A la différence de l'asphodèle, l'urginée fleurit à la fin de l'été, après avoir perdu ses feuilles. De nouvelles feuilles apparaissent à la fin de la floraison, quand les fruits aux graines noires se forment. Le bulbe est utilisé en médecine traditionnelle.

L'ÉTAGE DU GENÉVRIER THURIFÈRE

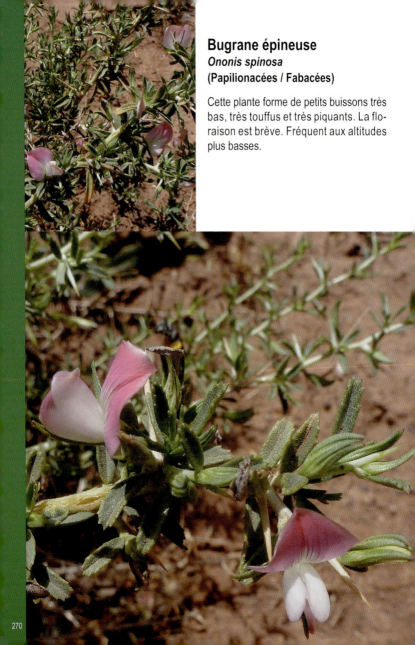

Bugrane épineuse
Onosis spinosa
(Papilionacées / Fabacées)

Cette plante forme de petits buissons très bas, très touffus et très piquants. La floraison est brève. Fréquent aux altitudes plus basses.

Thym pâle
Thymus pallidus
(Labiées / Lamiacées)

Ce thym se reconnaît à ses feuilles dont les marges sont roulées en dessous, et à ses fleurs blanches. C'est une **endémique** du Maroc, étudié pour son activité antibactérienne.

L'ÉTAGE DU GENÉVRIER THURIFÈRE

Pterocephalus depressus (Dipsacacées)

Le nom français de cette cousine de la scabieuse, **endémique** du Maroc, pourrait être « tête ailée basse ». En effet, cette plante pousse en tapis à ras de sol, et ses fleurs roses, réunies en capitules, avec leurs pétales dissymétriques, pourraient ressembler à des têtes ailées. Les calices persistants sont prolongés par de longues arêtes plumeuses.

Colchique à feuilles fines
Colchicum filifolium
Merendera filifolia
(Colchicacées)

Ce colchique, comme son frère des Alpes, fleurit en septembre-octobre, après les premières pluies d'automne, et les feuilles, très fines, apparaissent seulement à la fin de la floraison. Les fleurs sont petites (5-10 cm), presque sans tige, avec 6 tépales roses, 6 étamines à longues anthères dressées, et trois styles.

Romulée bulbocode
Romulea bulbocodium
Crocus bulbocodium
(Iridacées)

Longues feuilles basales très fines, 6 tépales violets à gorge jaunâtre (2-3 cm de longueur), 3 étamines, dépassées par les stigmates bipartites. Floraison en début du printemps.

L'ÉTAGE DU GENÉVRIER THURIFÈRE

ITINERAIRES BOTANIQUES

1. L'itinéraire le plus facile : traverser le barrage (à l'entrée de la station, en face du centre du Parc national du Toubkal) puis le petit relief de grès rouges, et descendre le vallon humide (narcisses jaunes en début de saison, végétation de pelouse humide, et peut-être la fritillaire en juin !…) jusqu'au confluent de l'Assif Tiferguine (au pied des azibs aux éléphants, entre autres gravures) (5). De là, on peut remonter vers le seuil au pied du Jbel Attar (6), d'où l'on a une belle vue sur Timenkar et Yagour, et aussi sur le reboisement de cèdres, plus bas sur la route (pelouses sèches, xérophytes).

2. Un peu moins facile : depuis la station (1), monter à l'antenne et à l'ancienne table d'observation (2). Tout près, vous découvrirez l'alisier accroché à la falaise, et, en longeant cette falaise (3), les « aliela », le houx, le nerprun. Traverser en oblique le plateau (xérophytes, pelouses sèches), rejoindre le genévrier thurifère isolé, en-dessous duquel, en mai, vous admirerez les érinacées bleues, continuez la descente en oblique pour rejoindre la route (4) juste avant le confluent Assif Ouka/assif Tiferguine. Remonter ce dernier jusqu'au vallon (5), pour revenir à la station (pelouses humides et bords de cours d'eau : scille bleue, orchis mauve, renoncule, etc.).

3. Plus montagnard : la montée au Jbel Ouka, par la crête NNW (pas de difficultés majeures) jusqu'au sommet (10), puis redescendre vers l'assif n'Aït Irene, soit par la crête SSE (11), soit par un des vallons NNE, mais plus sportifs. Vous découvrirez les endémiques de ces montagnes.
De même en montant au Jbel Attar en passant par les azibs Tiferguine (7) : un sentier rejoint le tizi n'ouattar, puis on monte au sommet (8) et on redescend par la crête (9) qui est traversée par la nouvelle piste.
L'Angour est dans la zone étudiée, mais il demande un pied nettement plus montagnard.

4. La thuriféraie (« bois des fiancés ») est accessible par le Tizi n'Oukaïmeden. A partir de ce col, descendre le sentier qui croise plusieurs fois la nouvelle piste. Quand cette piste tourne complètement à gauche, il faut prendre à droite le sentier en épingle à cheveux : il traverse la thuriféraie, descend sur Tizi n'Ismir, remonte doucement sur Azib Afra, puis remonte plus raide sous la falaise, en longeant plus ou moins les pylônes. Dans la falaise, vous verrez beaucoup de daphné, et juste en-dessous de l'antenne, des plaques de « aliela ».
Enfin, un itinéraire facile permet de voir les reboisements le long de l'ancienne piste. Laisser la voiture dans le reboisement de cèdres au départ de cette ancienne piste (12). Il faudra hélas faire abstraction sur 200 mètres, de la pollution des déchets de la station, mais au-delà, la piste longe le flanc de la falaise du Tizrag, et arrive au refuge du taureau en ruine. La piste, non entretenue sauf au début par les carriers, a été

emportée sur plusieurs tronçons. Continuer, soit directement jusqu'au Tizi n'Taliouine (13), soit en montant au col de Tizi n'Agued n'Isk (14), puis sur le petit sommet qui le domine (15), et redescendre sur Tizi n'Taliouine en traversant (pente raide) le boisement des beaux pins maritimes du Maghreb.

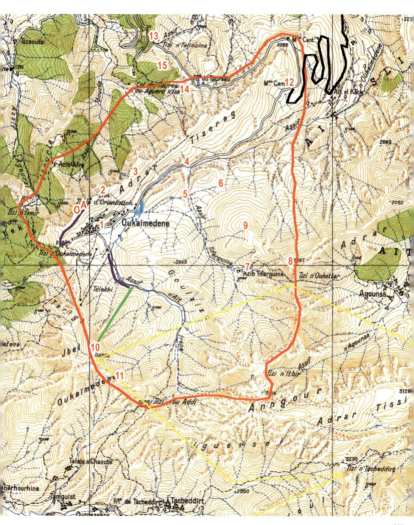

GLOSSAIRE

- **Aigrette** : petite touffe de poils qui surmontent certains fruits à akènes, permettant la dispersion de la graine par le vent (ex. pissenlit)
- **Akène** (n.m.) : fruit à une seule graine, sec et ne s'ouvrant pas.
- **Alternes** : feuilles ou bourgeons insérés à des hauteurs différentes sur la tige.
- **Anthère** : partie de l'étamine qui contient le pollen.
- **Assif** (berbère) : cours d'eau (oued, en arabe).
- **Auriculée** (feuille) : présentant deux oreilles à la base.
- **Azib** (berbère) : village-bergerie d'été.
- **Baie** : fruit charnu dont la pulpe renferme plusieurs graines.
- **Bifide** : fendu en deux (ex. pétale du céraiste)
- **Bractée** : feuille modifiée à la base d'une fleur ou d'une inflorescence. Chez les composées, les bractées entourent le capitule.
- **Bulbe** : organe souterrain constitué de feuilles charnues accumulant des réserves.
- **Calice** : ensemble des sépales.
- **Capitule** : inflorescence à petites fleurs sessiles serrées sur un réceptacle commun, simulant une seule fleur (ex. composées).
- **Capsule** : fruit sec libérant, à maturité, de nombreuses graines par des orifices ou pores.
- **Carpelle** : partie femelle d'une fleur comprenant un style, un stigmate et un ovaire. Les carpelles peuvent être libres (ex. renoncules) ou plus ou moins soudés.
- **Caryophyllacées** : grande famille de plantes à fleurs, reconnaissables à leurs feuilles opposées reliées à la tige par un « noeud » (en grec, caryo : noeud, noyau, et phyllo : feuille), fleurs à 4-5 sépales souvent soudés en tube, 4-5 pétales libres souvent fendus ou frangés, 8-10 étamines.
- **Caulinaires** (feuilles) : fixées sur la tige.
- **Chaton** : inflorescence formée de nombreuses petites fleurs sessiles fixées sur un seul axe, et qui se détache d'une seule pièce.
- **Corolle** : ensemble des pétales.
- **Corymbe** : inflorescence dans laquelle les axes secondaires partent de points différents et arrivent à peu près à la même hauteur.
- **Cyme** : inflorescence ramifiée dans laquelle chaque axe se termine par une fleur
- **Déhiscent** (fruit) : s'ouvrant naturellement.
- **Dioïque** : plante présentant des pieds mâles et des pieds femelles séparés.
- **Drupe** : fruit charnu renfermant un noyau à graine unique.
- **Embrassante** (feuille) : feuille sans pétiole et dont la base du limbe embrasse la tige.
- **Endémique** (espèce) : présente naturellement et exclusivement dans une zone géographique délimitée.
- **Eperon** : tube prolongeant le calice ou la corolle, et contenant généralement du nectar.
- **Epi** : grappe de fleurs sessiles rassemblées autour d'un axe.
- **Etamine** : organe mâle de la fleur.

- **Foliole :** partie d'une feuille composée.
- **Gousse :** fruit sec s'ouvrant en deux valves qui portent chacune une rangée de graines.
- **Indéhiscent :** fruit ne s'ouvrant pas à maturité.
- **Inflorescence :** groupe de fleurs : capitule, chaton, corymbe, cyme, épi, grappe, ombelle.
- **Labelle :** division florale inférieure en forme de lèvre (orchidées).
- **Lancéolée** (feuille) **:** en forme de fer de lance.
- **Ligule :** chez les composées, faux pétale coloré qui prolonge les fleurs.
- **Monoïque :** plante qui a des fleurs mâles et des fleurs femelles sur le même pied.
- **Nectaire :** glande sécrétant un liquide sucré qui attire les insectes pollinisateurs.
- **Ombelle :** groupe de fleurs dont les pédoncules partent du même point, s'élèvent à la même hauteur, et divergent comme les rayons d'un parasol (ou d'une ombelle !).
- **Onglet :** partie inférieure rétrécie d'un pétale.
- **Ovaire :** partie inférieure du pistil, renflée, qui renferme les ovules.
- **Pédicelle :** petite tige portant une seule fleur d'une inflorescence.
- **Pédoncule :** tige d'une ou plusieurs fleurs.
- **Pelouse :** formation végétale herbacée , sans arbres ni arbustes, et avec une proportion de sol nu plus ou moins importante.
- **Pennées** (feuilles) **:** feuilles composées dont les folioles sont disposées de chaque côté d'un axe commun, le rachis.
- **Pétiole :** tige d'une feuille.
- **Pistil :** ensemble des carpelles, libres ou soudés, constituant la partie femelle de la fleur.
- **Prairie :** formation végétale herbacée continue, sans arbre ni arbuste, avec des graminées et autres plantes basses favorables au pâturage.
- **Pubescent :** couvert de poils courts et mous.
- **Rosette :** ensemble de feuilles au ras du sol et rapprochées en cercle.
- **Sessile :** dépourvu de pétiole (feuilles) ou de pédoncule (fleur).
- **Sépale :** élément du calice, situé sous la corolle, généralement vert, ou parfois coloré comme les pétales. Les sépales entourent le bouton de la fleur.
- **Silicule :** petite silique, moins de 3 fois plus longue que large.
- **Silique :** fruit sec allongé et étroit formé de deux valves (caractéristique des crucifères)
- **Spathe :** grande bractée engainante enveloppant l'inflorescence à sa base.
- **Stigmate :** sommet du pistil ; il est souvent visqueux ou rugueux pour capter le pollen.
- **Stipule** (n.f.) **:** sorte d'appendice foliacé situé au point d'insertion du pétiole sur la tige. En général, il y en a deux par feuille.
- **Style :** filet surmontant l'ovaire et portant le stigmate.
- **Tépale :** sépale « pétaloïde », c'est-à-dire coloré comme les pétales.
- **Tomenteux :** couvert de poils cotonneux, enchevêtrés.
- **Verticillées** (feuilles) **:** disposées en cercle autour de la tige.

INDEX DES NOMS FRANÇAIS (les noms latins intraduisibles sont en italique)

- Achillée de Ligurie : p.190
- Aliela (*Ballii*) : p.216
- Aliela à feuilles plates : p.214
- Alisier commun : p.204
- Alysson de l'Atlas : p.82
- Alysson épineux : p.60
- Amélanchier : p.202
- Anacycle de Valence : p.180
- Anacycle pyrèthre : p.178
- Andryale à feuilles entières : p.92
- Anthémis fausse camomille : p.132
- Anthyllis vulnéraire : p.106
- Arabette des Alpes : p.228
- Arabette rougissante : p.168
- Armérie de l'Atlas : p.42
- Aspérule : p.110
- Astragale piquante : p.66
- Aubépine d'Orient : p.247
- Berce (grande) : p.172
- Bourse-à-pasteur : p.182
- Bugrane du Mont Cenis : p.152
- Bugrane épineuse : p.270
- Buplèvre épineux : p.56
- Campanule à tiges filiformes : p.120
- Campanule de Maire : p.167
- Carline (*brachylepis*) : p.258
- Carthame penné : p.124
- Catananche bleue : p.122
- Catananche gazonnante : p.74
- Cèdre de l'Atlas : p.238
- Centaurée (jaune) : p.95
- Centaurée de Salamanque : p.196
- Céraiste de Gibraltar : p.158
- Céraiste des champs : p.36
- Chardon à grosse tête : p.254
- Chêne vert : p.236
- Cirse (*dyris*) : p.148
- Cirse à épines d'or : p.264
- Cirse de Casabone : p.248
- Ciste à feuilles de laurier : p.246
- Colchique de Lusitanie : p.49
- Coquelicot douteux : p.198
- Crapaudine velue : p.139
- Cuscute : p.69
- Cytise à grandes fleurs : p.72
- Cytise purgatif : p.58
- Daphné garou : p.253
- Daphné purgatif : p.218
- Drave à feuilles de lierre : p.229
- Echinops très épineux : p.256
- Eglantier de Sicile : p.212
- Epervière « oreille-de-souris » : p.78
- Epervière à feuilles embrassantes : p.221
- Erinacée anthyllis : p.64
- Erodium bec-de-grue : p.185
- Euphraise : p.48
- Fétuque marocaine : p.143
- Fétuque rouge : p.52
- Fritillaire de l'Atlas : p.146
- Gagée de Liotard : p.46
- Genêt floribond : p.244
- Genévrier oxycèdre : p.237
- Genévrier thurifère : p.232
- Germandrée à feuilles rondes : p.138
- Glaïeul sauvage : p.266
- Grémil : p.197
- Groseillier sauvage : p.210
- Hélianthème safrané : p.80
- Herbe de Sainte Sophie : p.194
- Houx : p.208
- Hysope officinale : p.165
- Inule des montagnes : p.90
- Jasione crépue : p.118
- Joubarbe de l'Atlas : p.222
- Jurinée naine : p.108
- Lin bisannuel : p.48
- Linaire à tiges multiples : p.150
- Linaire triste : p.159
- Lotier corniculé : p.47
- Mauve de Tournefort : p.102

- Mauve sylvestre : p.191
- *Merendera* : p.274
- Minuartie de printemps : p.169
- Molène (*calycinum*) : p.260
- Muscari à toupet : p.130
- Myosotis de l'Atlas : p.160
- Narcisse (jaune) : p.32
- Narcisse de Watier : p.226
- Nepeta de l'Atlas : p.164
- Nerprun des Alpes : p.206
- Neslie en panicule : p.183
- Œillet de Lusitanie : p.98
- Œillet sylvestre : p.96
- Onopordon sans tige : p.141
- Orchis élancé : p.30
- Orménis scarieuse : p.262
- Ornithogale en ombelle : p.267
- Orobanche : p.68
- Orpin à feuilles épaisses : p.224
- Orpin de l'Atlas : p.166
- Panicaut de Bourgat : p.126
- Pâquerette bleutée : p.157
- Pâquerette vivace : p.142
- Paronychie argentée : p.187
- Passerage drave : p.193
- Passerage hérissé : p.38
- Pastel : p.176
- Pâturin bulbeux : p.50
- Pavot de l'Atlas : p.154
- Phalangère à fleurs de lis : p.134
- Pin maritime : p.240
- Pissenlit luisant : p.188
- Plantain corne-de-cerf : p.186
- Porcelle faux-liondent : p.220
- Potentille de Pennsylvanie : p.88
- Potentille droite : p.86
- *Pterocephalus depressus* : p.272
- Renoncule aquatique : p.22
- Renoncule bulbeuse : p.34
- Renoncule de Grenade : p.24
- Renouée bistorte : p.26
- Réséda blanc : p.140
- Rhodanthème catananche : p.136
- Rhodanthème de l'Atlas : p.162
- Robinier faux-acacia : p.242
- Romulée : p.275
- Roquette bâtarde : p.181
- Sabline piquante : p.62
- Salsifi à feuilles de crocus : p.184
- Sauge fausse verveine : p.114
- Saxifrage granulée : p.40
- Scabieuse colombaire : p.112
- Scille d'automne : p.113
- Scille d'Espagne : p.28
- Scolyme d'Espagne : p.252
- Scorzonère gazonnante : p.76
- Scrophulaire : p.194
- Séneçon marocain : p.93
- Silène à larges feuilles : p.199
- Stipe brillante : p.250
- Thym de l'Atlas : p.104
- Thym pâle : p.271
- Trèfle des champs : p.45
- Trèfle humble : p.170
- Trèfle jaunâtre : p.44
- Trèfle pied-de-lièvre : p.189
- Urginée maritime : p.268
- Valériane tubéreuse : p.100
- Vélar à grandes fleurs : p.84
- Vergerette de Grenade : p.156
- Véronique faux-mouron : p.49
- Véronique rosée : p.116
- Vesce à feuilles étroites : p.111
- Vesce faux-sainfoin : p.128
- Vipérine faux-plantain : p.192
- Vipérine jaune : p.94
- Vulpin genouillé : p.53
- Xéranthème fermé : p.155

TABLE DES MATIÈRES

Préface 3

Présentation 4

Milieux humides 20

Xérophytes épineux 54

Pelouses 70

Montagnes 144

Rudérales 174

Falaise 200

Thurifères 230

Itinéraires botaniques 276

Glossaire 278

Index 280

Bibliographie 283

BIBLIOGRAPHIE

Livres

- *Flore pratique du Maroc* (3 volumes)
  M. Fennane, M. Ibn Tattou, J. El Oualidi, Institut scientifique, Université Mohamed V, Agdal, Rabat 2014

- *Flore et écosystèmes du Maroc, Evaluation et préservation de la biodiversité*
  A. Benabid, Ibis Press, Paris

- *Les plantes. Amours et civilisations végétales*
  Jean-Marie Pelt, Marabout, 1985

- *L'homme renaturé*
  Jean-Marie Pelt, Robert Laffont, 2015

- *Petite ethnobotanique méditerranéenne*
  Pierre Lieutaghi, Actes Sud, 2006

Sites internet

- *Flore vasculaire de l'Oukaïmeden* (en anglais)
  http://bibdigital.rjb.csic.es/PDF/Jury_Vasc_Fl_Oukaimeden_Ed2_2008.pdf

- *Diversité floristique des pelouses humides d'altitude*
  par S. Alaoui Haroni, M. Alifriqui, A. Ouhammou
  http://www.biolveg.uma.es/abm/Volumenes/vol34/34_ALAOUI_HARONI_ET_AL.pdf

- *Notes and contributions to the vascular flora of Oukaïmeden*
  A. Romo, A. Boratinsky
  http://www.villege.ch/cjb/publications/cando621/C621_69-89.pdf

- *Recent dynamic of the wet pastures at Oukaimeden plateau*
  S. Alaoui Haroni, M. Alifriqui, V. Simonneaux

- http://www.florasilvestre.es/mediterranea/

- http://www.teline.fr/fr

- http://canope.ac-besancon.fr/flore/

- http://www.florealpes.com/

EDITIONS SARRAZINES & CO
165, Hay Zitoun Jdid III - Marrakech / +212 6 31 99 51 73
sarrazinesandco.blogspot.com / sarrazinesandco@gmail.com

Diffusion et distribution
France, Suisse, Belgique : Idées Livres
contact@ideeslivres.com
Maroc : Sarrazines & Co SARL

Conception graphique
Anas Amrani
facebook : lab.graphic.design

Crédits photographiques
Marie Coste - El Omari / Claire Azzouzi / Geneviève Michon

Impression
Direct Print - Casablanca - Maroc (Juin 2016)
Réimpression : Direct Print - Casablanca - Maroc (Juin 2021)

© Editions Sarrazines & Co 2016, 2021
Tous droits de reproduction, de traduction et d'adaptation réservés à l'éditeur.
Dépôt légal : 2016MO1432
ISBN : 978-9954-37-549-5